NECİP FAZIL KISAKÜREK

ÇİLE

Necip Fazıl KISAKÜREK

26 Mayıs 1904'de, Perşembe günü, İstanbul'da büyük bir konakta doğdu.

Heybeliada'daki Bahriye Mektebi'ni ve İstanbul Darülfünunu (Üniversitesi) Edebiyat Fakültesi Felsefe bölümünü bitirdi. Avrupaya tahsile gönderilen ilk Cumhuriyet talebeleri arasında yer aldı ve Paris'e gitti. Sorbon Üniversitesi Felsefe Bölümüne girdi.

Sorbon'daki öğrenimini yarıda bırakarak yurda döndü.

İlk şiirleri, 1923'de Yeni Mecmua'da yayınlandı. 1928 yılında, henüz 24 yaşındayken ikinci şiir kitabı "Kaldırımlar"ın yayınlanmasiyle birlikte, birden şöhretin zirvesine çıktı.

Çeşitli bankalarda çalıştı ve müfettişliğe kadar yükseldi. Ankara Dil ve Tarih Coğrafya Fakültesi, Devlet Konservatuarı, İstanbul Devlet Güzel Sanatlar Akademisi ve Robert Kolej'de hocalık yaptı.

1934 yılında yolu, mürşidi Abdülhakîm Arvasî Hazretleri'ne çıktı.

Fikir sahasına da uzandığı ve kendi deyişiyle "sosyal mücadele"ye atıldığı 1943'den ölümüne kadar, "anlaşılmadan benimsenmek"le "tanınmadan dışlanmak" arasına sıkışan bir yalnızlık kesitinde yaşarken, her iktidar döneminde suçlandı, sorgulandı, yargılandı, defalarca hapis yattı. 1960 ihtilâli öncesinde hakkında kesinleşmiş mahkûmiyet kararları toplamı 101 yıla ulaştı.

Ağaç (1936) ve Büyük Doğu (1943-1978) dergilerini çıkardı.

Çeşitli gazetelerde "önsezi"leriyle de ünlü fıkra ve başmakaleler kaleme aldı.

Bütün şiirlerini topladığı "Çile" ile, 1934'de yaşadığı büyük ruh buhranının sahne eseri ve Türk Tiyatrosundaki ilk büyük dram örneği "Bir Adam Yaratmak" başta olmak üzere, çok çeşitli türde 100'ün üzerinde eser verdi.

25 Mayıs 1983'de hayata vedâ etti. Doğduğu gün olan 26 Mayıs Perşembe günü, Eyüp sırtlarında toprağa verildi.

NECİP FAZIL KISAKÜREK

ÇİLE

BÜYÜK DOĞU YAYINLARI

ÇİLE / ŞİİR

•

E S E R

4

İlk Basım Tarihi : 1962

•

71. Basım / Mayıs 2011

Kurucusu:
Necip Fazıl Kısakürek

Sahibi: Büyük Doğu Yayınları
Basım Yayın Prodüksiyon Ltd. Şti. Adına
Mehmed Kısakürek

Genel Koordinatör: Emrah Kısakürek

Eser Kullanım - Telif Hakları ve
Yayın Sorumlusu: Suat Ak

Dağıtım Sorumlusu: Osman Kısakürek

•

Baskı: Eflatun Matbaacılık San. Ltd. Şti.
Yeşilce Mah. Çelik Sok. No:69/A
4.Levent -İst
(0212) 278 28 03

•

Büyük Doğu® Yayınları
Basım Yayın Prodüksiyon Ltd. Şti.
Ankara C. Vilâyet Han 10/3 Cağaloğlu - İstanbul
Telefon: (0212) 5285551-5125922-5110873

www.necipfazil.com.tr / www.buyukdogu.com.tr

Yayıncı Sertifika No: 12106
ISBN 975-8180-12-7

TAKDİM

Şiirlerim ve şairliğim

Şairliğim on iki yaşımda başladı.

Bahanesi tuhaftır:

Annem hastahanedeydi. Ziyaretine gitmiştim... Beyaz yatak örtüsünde, siyah kaplı, küçük ve eski bir defter... Bitişikte yatan veremli genç kızın şiirleri varmış defterde... Haberi veren annem, bir ân gözlerimin içini tarayıp:

– Senin dedi; şair olmanı ne kadar isterdim!

Annemin dileği bana, içimde besleyip de on iki yaşıma kadar farkında olmadığım bir şey gibi göründü. Varlık hikmetimin ta kendisi... Gözlerim, hastahane odasının penceresinde, savrulan kar ve uluyan rüzgâra karşı, içimden kararımı verdim:

– Şair olacağım!

Ve oldum.

•

O gün, bugün, şairliği küçük ve âdi hasisliklerin üstünde gören, onu idrâkin en ileri merhalesi sayan ben, bu küçük ve âdi bahaneyi hiç unutmadım.

Sanat ve hayat, sanat ve hakikat üzerinde fikri olmayan, fikir tasası çekmeyen şair, bence, kuyruğu kıstırılınca ağlayan bir hayvancıktan farksız... Birbirine aykırı çift başlı bir mahlûk olan şairde, biri süflî ve mahkûm, öbürü ulvî ve hâkim, iki kutup var... Bunların biriyle şair, insanoğlunun en altında; öbürüyle de nebîler ve velîler ayrı, en üstünde...

Elbette ki, alt kattakilerden olmak istemiyecektim. Bunun için büyük bir memuriyeti yerine getirmek lâzımdı.

Buna çalıştım:

Bir yanda belli başlı bir sanat anlayışından tüten şiirler, bir yanda, bu sanat anlayışının tüttürdüğü şiir mefkûresi... Bir yanda yemişin içindeki lezzet, bir yanda yemişin dışındaki lezzet reçetesi...

Kısacası, sezerek yapmak ve düşünerek bulmak...

Şiirlerim, yemişin içini, şiir hakkında düşündüklerim de kabuğunu gösteriyor. Demek ki, ben, sadece şiir dokumakla kalmıyorum; Frenkçeden Türkçeleştirilmiş tabiriyle (Poetika)mı, şiir sanatı üzerindeki fikirlerimi de örgüleştirmiş bulunuyorum. Yaptığım işin değerini bilmem ama, böyle bir işin şiir an'anemizde şimdiye kadar mevcut olmadığını belirtmek hakkımdır.

Yarım metre bir cücede bu zamana kadar hangi dâhiye rastladık? El ilânı kadrosunda hiçbir hikmet tılsımı bilmiyoruz. Birkaç mısraın şairlerinden de fazla bir şey ummayalım! Keyfiyeti, kemmiyet zenginliği, hiç olmazsa yeterlik içinde aramanın bir sırrı olsa gerek... Bu bakımdan ben, şairi, kitaplık çapta vazifeli görenlerin ölçüsüne inanıyorum. Böyle olduğu için, sâf şiir plânında bile şairin kitaplık çapta tecellisine karşı hasretimi ilk defa bu kitapta ifadelendirmek dâvasındayım.

Bu son şeklin üç basamağı "Sonsuzluk Kervanı", "Çile" ve "Şiirlerim" adıyle 1955, 1962 ve 1969'da çıkan kitaplardan evvelki üç eserim (Örümcek Ağı, Kaldırımlar, Ben ve Ötesi), memleketimizde nasıl görülmüş ve gösterilmiş olursa olsun –o vakitler Allah'a bağlılığım belli olmadığı için göklere çıkarıldım– küçük ve kifayetsiz davranışlardı. Onları yirmi yıl sonra takip eden "Sonsuzluk Kervanı" ise, birçok bakımdan beni ifâdelendiremedi. O zaman en eski eserleri, mahzun ve mahpus keyfiyetlerinden, kemmiyetlerine, şekillerine ve tertiplerine kadar ana kitabımda özleştirmeyi, onlarda bağlı olduğum unsurları öbürlerinden süzmeyi, ayıklamayı, düzeltmeyi ve yenileriyle bir arada bütünleştirmeyi dilemiştim. Eskilerden birçoğunu atmak ve onlarla bağımı koparmak istemiş ve demiştim ki:

– Mal sahibi bensem, bunları istemediğim, tanımadığım ve çöplüğe attığım bilinsin... Attıklarım, aldıklarımdan çok olan eski şiirlerimi yenileriyle demetledikten ve bu kitapta derledikten sonra meydana gelen şu kadar parça şiir, şu âna kadar şairliğimin tam ve eksiksiz kadrosu oluyor. İşte şiir kitabım, bu, hepsi bu kadar; ve bu kitaba gelinceyedek başka hiçbir şiir, bana, adıma ve ruhuma mâl edilemez. Buna rağmen nasıl kitaplık çapta bir eser vücuda geldiği, meydanda...

Bu eski dileğim de, o zaman değil, galiba bu defa gerçekleşmiş bulunuyor.

•

Yıllardır şiir kitabı neşretmeyişim ve şiire zahirde biraz seyrek el atışım, bazı nâdanlara, benim şiiri bıraktığımı veh-

mettirmişti. Eğer büsbütün dilsiz ve hareketsiz kalsaydım, bu nâdanlar, benim bulut üstünde, esrarlı bir lâboratuarda, sihirli inbiklerden şiir süzmekle meşgul olduğumu sanacaklardı. Fakat beni fikre ve politikaya kaymış bulanlar, şiir yerine gücümü nelere harcadığımı görmekten midir, nedir, kaba bir hükme vardılar:

– Sabık şair! Şiirine yazık etti!

Bunlar görmüyor ve anlamıyorlardı ki, benim fikir ve politika yoluyle gerçekleşmesi için savaştığım şey, bizzat şiirimin muhtaç olduğu insan ve cemiyet iklimidir. Ben böyle bir iklimin inşâsı cehdine bağlıyım. Bizzat şiir anlayışım bunu gerektiriyor.

Biraz evvel işaret etmiştim ya:

Cemiyet gövdesinde şair, nazik ve tezatlı kaderi icabı, ya hayat rehberi bir hükümdar kafası, yahut Dârülaceze malı bir dilenci ayağı... O kendi üstün memuriyetine doğru yükseldikçe, şiirini "Mavi Sakal"ın odası gibi bir halvet bucağında mahfuz tuttuktan sonra, saraydaki başka odaların da teftiş hakkını yerine getirmekle mükellef...

Belki nihaî mânâda mes'ut ve mefkûrevî bir cemiyette şaire bu iş düşmez. Fakat ulaşılmaz bir gâye olan böyle bir cemiyet zaten bu dünyada hayal edilemezken, bir de, bizim cemiyetimiz gibi her mânânın en hor ve hakîr seviyeye düşürüldüğü bir toplulukta şairin vazifeleri, düşünün, ne kadar çetin ve büyük!..

Bu vazifeler, taş kömüründen süzülen gaz ve katran gibi, herhangi bir maddenin, aslî cevheri etrafında ifraz ettiği müştak nesnelere benzer. Müştaklarını verene, aslî cevherden mahrumluğu nasıl söylenebilir? Bir de, öz madeni yalnız bu müştaklardan ibaret olanlar var ki, onlar ya sanat, ya fikir asliyetinden mahrum, küçük esnaf... Aslî cevhere sahip bulunanlar için onun müştaklarını vermek faaliyeti içinde, o cevheri, nadirlikle beraber gittikçe ıstıfaya ve olgunluğa götüren bir sır da yok mudur?

Eserini, dil ve damak, his ve şuur sahibi insan için veren arının balı etrafında nasıl insandan çok sinek görünürse, kıymetler piyasasında akıllıdan fazla ahmak birikmesi tabiîdir. Mahut hüküm sahipleri ise sinek de değil, kimbilir ne?

•

Ben şiiri, her türlü basis gâyenin üstünde, doğrudan doğruya kendi zat gâyesine - sanat için sanat -, fakat kendi zat gâyesinin sırrıyle de Allah'a ve Allah dâvâsının topluluğuna -cemiyet için sanat- bağlı kabul etmişim... İşte kitaplık çapta zuhuruma kadar beni bekleten ve bu zuhura mânâda ve maddede şekil veren baş ölçü!..

•

Biz şiiri iman için bilmişiz; ve bu mihrak bilgiyi, her bilginin geçtiği binbir yol ağzı biliyoruz.

•

Dilimin ucunda tek nükte kaldı:
Allah'ın kâinata Efendi olarak yarattığı, insan ehramının zirve taşı; ve şair...

Efendimiz, Kurtarıcımız, Müjdecimiz, Gâye-İnsan ve Ufuk-Peygamber... O ve şair...

O, herşeyimiz, herşeyimiz, herşeyimiz; topyekûn varlık nimetinin her şubesiyle beraber (Poetika)mızın, şiir telâkkimizin de kaynağıdır. Bu inceliği (Poetika)mızda gösterdik.

Ve şair demek, Gâye-İnsan ve Ufuk-Peygamberi, Kâinatın Efendisini, Allah'ın Sevgilisi'ni sezmeye doğru hususî ve ileri bir istidat...

Birçoklarınca O'na bağlanmadan Allah'a bağlanmak mümkün... Fakat bizce Allah'a bağlanmanın yolu, Allah'ın iradesiyle yalnız O'na bağlanmak olduğuna göre, şiirin tahsisi gibi muhteşem bir dâvâda O'nu, kendi yüzü suyu hürmetine yaratılmış olan Kâinatın ta merkezinde görmemek ne mümkün?.. Üstün idrâk müessesesi şiir, ilk borç olarak, elinde kâinat sırlarının anahtarı, O'nun hilkat sırrının ve Kâinat Efendiliği makamının eşiğinde dize gelecektir.

Şiir bu mukaddes eşiğin süpürgesi; şair de boynundaki süpürücülük borcuyle insanoğlunun en yüksek rütbelilerinden birisi...

Ben, bu rütbelerin en yükseği içinde, O'nun ümmetlik liyakatinin en alçak ferdi olarak, o mukaddes eşiğin süpürücüsüyüm!

Kendimi böylece takdim ederim!

N.F.K.

ALLAH

ÇİLE

Gâiblerden bir ses geldi: Bu adam,
Gezdirsin boşluğu ense kökünde!
Ve uçtu tepemden birdenbire dam;
Gök devrildi, künde üstüne künde...

Pencereye koştum: Kızıl kıyamet!
Dediklerin çıktı, ihtiyar bacı!
Sonsuzluk, elinde bir mavi tülbent,
Ok çekti yukardan, üstüme avcı.

Ateşten zehrini tattım bu okun,
Bir anda kül etti can elmasımı.
Sanki burnum, değdi burnuna (yok)un,
Kustum, öz ağzımdan kafatasımı.

Bir bardak su gibi çalkandı dünya;
Söndü istikâmet, yıkıldı boşluk.
Al sana hakikat, al sana rüya!
İşte akıllılık, işte sarhoşluk!

Ensemin örsünde bir demir balyoz,
Kapandım yatağa son çare diye.
Bir kanlı şafakta, bana çil horoz,
Yepyeni bir dünya etti hediye.

Bu nasıl bir dünya, hikâyesi zor;
Mekânı bir satıh, zamanı vehim.
Bütün bir kâinat muşamba dekor,
Bütün bir insanlık yalana teslim.

Nesin sen, hakikat olsan da çekil!
Yetiş körlük, yetiş, takma gözde cam!
Otursun yerine bende her şekil;
Vatanım, sevgilim, dostum ve hocam!

•
•
•
•

Aylarca gezindim, yıkık ve şaşkın,
Benliğim bir kazan ve aklım kepçe,
Deliler köyünden bir menzil aşkın,
Her fikir içimde bir çift kelepçe.

Niçin küçülüyor eşya uzakta?
Gözsüz görüyorum rüyada, nasıl?
Zamanın raksı ne, bir yuvarlakta?
Sonum varmış, onu öğrensem asıl?

Bir fikir ki, sıcak yarada kezzap,
Bir fikir ki, beyin zarında sülük.
Selâm, selâm sana haşmetli azap;
Yandıkça gelişen tılsımlı kütük.

Yalvardım: Gösterin bilmeceme yol!
Ey yedinci kat gök, esrarını aç!
Annemin duası, düş de perde ol!
Bir asâ kes bana, ihtiyar ağaç!

Uyku, kaatillerin bile çeşmesi;
Yorgan, Allahsıza kadar sığınak.
Teselli pınarı, sabır memesi;
Size şerbet, bana kum dolu çanak.

Bu mu, rüyalarda içtiğim cinnet,
Sırrını ararken patlayan gülle?
Yeşil asmalarda depreniş, şehvet;
Karınca sarayı, kupkuru kelle...

Akrep, nokta nokta ruhumu sokmuş,
Mevsimden mevsime girdim böylece.
Gördüm ki, ateşte, cımbızda yokmuş,
Fikir çilesinden büyük işkence.

•
•
•
•

Evet, her şey bende bir gizli düğüm;
Ne ölüm terleri döktüm, nelerden!
Dibi yok göklerden yeter ürktüğüm,
Yetişir çektiğim mesafelerden!

Ufuk bir tilkidir, kaçak ve kurnaz;
Yollar bir yumaktır, uzun, dolaşık.
Her gece rüyamı yazan sihirbaz,
Tutuyor önümde bir mavi ışık.

Büyücü, büyücü ne bana hıncın?
Bu kükürtlü duman, nedir inimde?
Camdan keskin, kıldan ince kılıcın,
Bir zehirli kıymık gibi, beynimde.

Lûgat, bir isim ver bana halimden;
Herkesin bildiği dilden bir isim!
Eski esvaplarım, tutun elimden;
Aynalar, söyleyin bana, ben kimim?

Söyleyin, söyleyin, ben miyim yoksa,
Arzı boynuzunda taşıyan öküz?
Belâ mimarının seçtiği arsa;
Hayattan muhacir, eşyadan öksüz?

Ben ki, toz kanatlı bir kelebeğim,
Minicik gövdeme yüklü Kafdağı,
Bir zerreciğim ki, Arş'a gebeyim,
Dev sancılarımın budur kaynağı!

Ne yalanlarda var, ne hakikatta,
Gözümü yumdukça gördüğüm nakış.
Boşuna gezmişim, yok tabiatta,
İçimdeki kadar iniş ve çıkış.

Gece bir hendeğe düşercesine,
Birden kucağına düştüm gerçeğin.
Sanki erdim çetin bilmecesine,
Hem geçmiş zamanın, hem geleceğin.

Açıl susam, açıl! Açıldı kapı;
Atlas sedirinde mâverâ dede.
Yandı sırça saray, ilâhî yapı,
Binbir âvizeyle uçsuz maddede.

Atomlarda cümbüş, donanma, şenlik;
Ve çevre çevre nur, çevre çevre nur.
İçiçe mimari, içiçe benlik;
Bildim seni ey Rab, bilinmez meşhur!

Nizam köpürüyor, med vakti deniz;
Nizam köpürüyor, ta çenemde su.
Suda bir gizli yol, pırıltılı iz;
Suda ezel fikri, ebed duygusu.

Kaçır beni âhenk, al beni birlik;
Artık barınamam gölge varlıkta.
Ver cüceye, onun olsun şairlik,
Şimdi gözüm, büyük sanatkârlıkta.

Öteler, öteler; gâyemin malı;
Mesafe ekinim, zaman madenim.
Gökte samanyolu benim olmalı;
Dipsizlik gölünde, inciler benim.

Diz çök ey zorlu nefs, önümde diz çök!
Heybem hayat dolu, deste ve yumak.
Sen, bütün dalların birleştiği kök;
Biricik meselem, Sonsuza varmak...

(1939)

NUR

Sen ol dersin ve olur!

Pırıltı dolu billûr,
Çığlık içinde fağfur.
Bir renk bize öteden
Ve bir ses, o besteden;
Nur bize, Allahım, nur!

Büyük divan ve huzur...
Bekliyor mezarı Sûr.
Sonsuzluk, ölümsüzlük,
Bitmez tükenmez düzlük;
Nur bize, Allahım, nur!

Güneşi tuttu çamur;
Elmas mahcup, zift mağrur.
Yakın kandili, yakın;
Ne donanma, ne yangın;
Nur bize, Allahım, nur!

Sen ol dersin ve olur!

(1947)

SEN

Senden, senden, hep senden,
Akisler aynalarda.
Göğe çıksam mahzenden;
Hasretim turnalarda.

Seni buldum bulduysam;
Gökten bir davet duysam!
Ben ki, suçumu yuysam,
Su biter kurnalarda.

Garibe sensin vatan,
Nur yurdunu aratan!
Sensin, sensin yaratan,
Rahmeti analarda.

(1973)

ALLAH DERİM !

Sırtımda, taşınmaz yükü göklerin;
Herkes koşar, zıplar, ben yürüyemem!
İsterseniz hayat aşını verin;
Sayılı nimetler bal olsa yemem!

Ey akıl, nasıl da delinmez küfeh?
Ebedî oluşun urbası kefen!
Kursa da boşluğa asma köprü, fen,
Allah derim, başka hiçbir şey demem!

(1973)

OLMAZ MI ?

Yön yön sarılmışım ne yana baksam;
Sarılan olur da, saran olmaz mı?
Kim bu yüzü çizen sanatkâr ressam;
Geçip de aynaya, soran olmaz mı?

Bir parçacığım ben, bütüne hasret;
Zaman dönedursun, o güne hasret;
Ruhumsa zamanın üstüne hasret;
Ebediyet boyu bir ân... Olmaz mı?

(1973)

O ÂN

Taş merdivenler gibi, aşınmış ayaklardan,
Secde yerine çarpa çarpa alnım aşınsa!
Göklerin kamçısiyle yediğim dayaklardan,
Erisem de, tabutum boşmuş gibi taşınsa!

Bir garip insan olsam, benzemez hiç kimseye;
Tek hece bilmez, tek renk görmez, tek ses işitmez.
Karanlığı yuğursam nura döndüresiye,
Tırmansam o âna ki, yekpâredir ve bitmez.

(1972)

ALLAH DİYENE

Her şey, her şey şu tek müjdede:
Yoktur ölüm, Allah diyene!
Canım kurban, başı secdede,
İki büklüm, Allah diyene!

Akıl, kırık kanadı hiçin;
Derdi gücü "nasıl" ve "niçin"...
Bağlı, perçin üstüne perçin,
Benim gönlüm Allah diyene...

(1972)

EN YAKIN

Bütün insanlığı dövsen havanda,
Zerre zerre herkes yine yalınız.
Boşlukta yol alan uçsuz kervanda,
Her şey tek başına, dağ, taş ve yıldız.

Herkes bir vücutsuz hayal peşinde;
Eşini kaybetmiş herkes eşinde.
İçinizde yiv yiv derinleşin de,
Çıksın karşınıza en yakınınız!

(1972)

YÂR O Kİ...

Falan, dağın ardında;
Seslen, seslen, işitmez!
Filân, toprak altında;
Gözyaşları diriltmez!

Neye vardın, vardın da?
Ufuk varmakla bitmez.
Bir şey göster kadında,
Tılsımını eskitmez!

Yâr o ki, hep yâdında;
Eksilmez ve eksiltmez.
Murâdı murâdında,
Seni bırakıp gitmez.

(1972)

İŞÂRET

O ki, pınar başında çeker suya hasreti;
Kadınında kadına, yurdunda yurda hasret.
Yalan dünyada bütün görünüşler iğreti;
Her şey, o şeye hazin benzeyişten ibaret.

Var olan yoklukların ömrünü sürüyorum!
Aşklar bomboş kuruntu, hürriyetler esaret!
Yalnız, "Rakip" ismiyle Allahı görüyorum!
Bir yokluk ki, bu dünya, var olandan işaret...

(1972)

O'NUN SANATI

(Yok) bir (var)dır;
Geçit vermez;
Dar mı, dardır!

(Yok) bir (yok)tur;
Akıl ermez,
Ne de çoktur!

(Var) bir (yok)tur;
Yusyuvarlak
Dönen oktur.

(Var) bir (var)dır.
O'na varmak...
Bu kadardır!

(1944)

TÂ MÂVERÂDAN

Rüzgâr öyle esti, öyle esti ki,
Her şey uçup gitti, kaldı Yaradan.
Ayna düştü, hayal, perdelerdeki
Bir akiscik gibi çıktı aradan.

Sırtımı uykuda dürtüyor bir el;
Fırla yatağından, koşar adım gel!
O bir minicik zar, kabuğunu del!
Seni çağıran var, tâ maverâdan!

(1958)

O VAR !

Her defa haberi taze bir müjde;
O var!
Her defasında, geç, gafletten vecde;
O var!
Ne sen varsın, ne ben, ne yâr, ne kimse;
O var!
Bütün sevdiklerin elden gittiyse;
O var!
Kalacak kim var ki, dost tomarından?
O var!
Sana daha yakın şahdamarından;
O var!
Arama, ilâç yok eczahanede!
O var!
Gâyede, sebepte ve bahanede;
O var!
Sevdiğini ebed boyu tutan dinç;
O var!
Ölümsüzlük şevki, ilâhî sevinç;
O var!
Yıkılmaz dayanak, kırılmaz destek;
O var!
Tekten de tek, bir tek, tek başına tek;
O var!

(1982)

HASRET

O ki, kadını var, kadına hasret;
Hasret, kelimeye, kelimelerde.
Bir damla bal tatsa, tadına hasret;
Peşinden koştukça ufuk ilerde.

Allahım, eşyanın hicâbındasın!
Sensin suda, kuşta, telde ses veren.
Nice hasret varsa gıyâbındasın;
Aynalarda sensin, seni gösteren...

(1982)

DUA

Bende sıklet, sende letafet...
Allahım, affet!

Lâtiften af bekler kesafet...
Allahım, affet!

Etten ve kemikten kıyafet...
Allahım, affet!

Şânındır fakire ziyafet...
Allahım, affet!

Âcize imdadın şerafet...
Allahım, affet!

Sen mutlaksın, bense izafet!
Allahım, affet!

Ey kudret, ey rahmet, ey re'fet!
Allahım, affet!

(1982)

TAM OTUZ YIL

Tam otuz yıl saatim işlemiş, ben durmuşum;
Gökyüzünden habersiz, uçurtma uçurmuşum...

(1934)

HOKKABAZ

Marifetli hokkabaz, başını kaldır da bak!
Gökte bir oynayan var, yıldızlarla kaydırak...

(1936)

MİMARÎ

Fikret nasıl kurulmuş, içiçe bu iklimler?
Nasıl kaynaştırılmış, sesler, renkler, hacimler?

(1936)

MERDİVEN

Diyorlar bana: Kalsın şiir de söz de yerde!
Sen araştır, göklere çıkan merdiven nerde?

(1938)

SANAT

Anladım işi, sanat, Allahı aramakmış;
Marifet bu, gerisi yalnız çelik - çomakmış...

(1939)

ZEHİRLE PİŞMİŞ AŞ

"Zehirle pişmiş aşı yemeye kimler gelir?"
Dilsizce, yalnız Allah demeye kimler gelir?

(1972)

YAKINLIK

İnsan, yaklaştığınca yaklaştığından ayrı;
Belli ki; yakınımız yoktur Allahtan gayrı...

(1972)

ALLAH VE İNSAN

Seni aramam için beni uzağa attın!
Âlemi benim, beni kendin için yarattın!

(1972)

AĞZIMI DİKSELER

Tel tel ve iplik iplik dikseler de ağzımı;
Tek ses duysalar; Allah... Yoklayanlar nabzımı.

(1973)

İLMİHÂL

Yandı kitap dağlarım, ne garip bir hâl oldu!
Sonunda bana kalan, yalnız ilmihâl oldu!

(1972)

LÛGAT

Tutuşturanlar, lûgat kitabını elime,
Bilsin: Allahtan başka bilmiyorum kelime.

(1973)

ÖPMEK

Ellerime uzanan dudakları tepeyim;
Allah diyen, gel, seni ayağından öpeyim!

(1976)

TEK KELİME

Ne var ki, pazarlığa girişecek ecelle;
Sermayem tek kelime, Allah azze ve celle...

(1977)

GÜZEL

Güzel Allahım, senden ne gelecekse gelsin;
Sen ki, rahmetinle de kahrınla da güzelsin...

(1977)

YAKINLIK

Neye yaklaşsam, sonu uzaklık ve kırgınlık;
Anla ki, yok, Allahtan başkasıyla yakınlık...

(1977)

KUDRET

Kudret O'nun; gayrında ne mecâl var, ne tüvan;
Âlim ilmine yansın, pazısına pehlivan...

(1977)

AŞK

Rabbim, Rabbim, bu işin, bildim neymiş Türkçesi;
Senin aşkın ateştir, ateşin gül bahçesi...

(1977)

AŞK VE KORKU

Aşk korkuya peçedir, korku da aşka perde;
Allahtan nasıl korkmaz, insan O'nu sever de?..

(1980)

İSTE

Verirler "Ben acizim, kudret senin!" dedikçe,
Verenin şanı büyük, sen iste istedikçe!

(1980)

YAKIN

Yakın O'dur, gerisi birbirine en uzak;
Her şey "Rakip" ismiyle O'nun kurduğu tuzak...

(1982)

HEY !

Neye baksam aynı şey, neyi görsem aynı şey...
Olan sensin, hey gidi Hakikat Sultanı hey!

(1982)

YÜK

Bu yük senden Allahım, çekeceğim, nâçarım!
Senden sana sığınır, senden sana kaçarım!

(1983)

O ÂN

"Allah bir!" demektense ecel teri dökerken,
Ölüversem, beklenmez ânda "Allah bir" derken.

(1982)

GÜNAH

Sana şahdamarından daha da yakın Allah;
Günah mı dedin; O'ndan uzağa düşmek günah...

(1972)

EMÂNET

Bir ânlık emânetle ne türlü övünelim;
Gel, rahmet kapısında ağlaşıp dövünelim!...

(1982)

RAHMET

Yaradan, rahmetini kahrından üstün saydı;
Ne olurdu hâlimiz, gözyaşı olmasaydı?

(1982)

AFFET

Göz kaptırdığım renkten, kulak verdiğim sesten;
Affet, senden habersiz aldığım her nefesten...

(1980)

İNSAN

PEYGAMBER

Sen, fikir kadar güzel;
Ve tek, birden daha tek!
Itrını süzmüş ezel;
Bal sensin, varlık petek...

Sensin ölüme hisar;
Bâkisi hep inkisar..
Sar bizi, çepçevre sar,
Rahmet rüzgârı etek!..

(1958)

SONSUZLUK KERVANI

Sonsuzluk Kervanı, "peşinizde ben,
Üç ayakla seken topal köpeğim!"
Bastığınız yeri taş taş öpeyim.
Bir kırıntı yeter, kereminizden!
Sonsuzluk Kervanı, peşinizde ben...

Gidiyor, gidiyor, nurdan heykeller...
Ufuk, önlerinde bayrak kulesi.
Bu gidenler, Altun Kol Silsilesi;
Ölçüden, ahenkten daha güzeller.
Gidiyor, gidiyor, nurdan heykeller...

Sonsuzluk Kervanı, istemem azat!
Köleniz olmakmış gerçek hürriyet.
Ölmezi bulmaksa biricik niyet;
Bastığınız yerde ebedî hasat.
Sonsuzluk Kervanı, istemem azat.

(1952)

BENDEDİR

Ne azap, ne sitem bu yalnızlıktan,
Kime ne, aşılmaz duvar bendedir.
Süslenmiş gemiler geçse açıktan,
Sanırım gittiği diyar bendedir.

Yaram var, havanlar dövemez merhem;
Yüküm var, bulamaz pazarlar dirhem.
Ne çıkar, bir yola düşmemiş gölgem;
Yollar ki, Allaha çıkar, bendedir.

(1936)

BEN

Ben, kimsesiz seyyahı, meçhûller caddesinin;
Ben, yankısından kaçan çocuk, kendi sesinin.

Ben, sırtında taşıyan işlenmedik günahı;
Allahın körebesi, cinlerin padişahı.

Ben, usanmaz bekçisi, yolcu inmez hanların;
Ben, tükenmez ormanı, ısınmaz külhanların.

Ben, kutup yelkenlisi, buz tutmuş kayalarda;
Öksüzün altın bahtı, yıldızdan mahyalarda.

Ben, başı ağır gelmiş, boşlukta düşen fikir;
Benliğin dolabında, kör ve çilekeş beygir.

Ben, Allah diyenlerin boyunlarında vebâl;
Ben, bugünküne mazi, yarınkine istikbâl.

Ben, ben, ben; haritada deniz görmüş, boğulmuş;
Dokuz köyün sahibi, dokuz köyden kovulmuş.

Hep ben, ayna ve hayal; hep ben, pervane ve mum;
Ölü ve Münker - Nekir; başdönmesi, uçurum...

(1939)

SERSERİ

Yeryüzünde yalnız benim serseri,
Yeryüzünde yalnız ben derbederim.
Herkesin dünyada varsa bir yeri,
Ben de bütün dünya benimdir derim.

Yıllarca gezdirdim hoyrat başımı,
Aradım bir ömür, arkadaşımı.
Ölsem dikecek yok mezar taşımı;
Hâlime ben bile hayret ederim.

Gönlüm ne dertlidir, ne de bahtiyar;
Ne kendisine yâr, ne kimseye yâr,
Bir rüya uğrunda ben diyâr diyâr,
Gölgemin peşinden yürür giderim...

(1924)

NEFS

Geceler toprağa benimle inmiş.
Kasırga benimle kopmuş denizde.
Sanırım vebâlı elim gezinmiş,
Çürüyen ağaçta, hasta benizde.

Cinnet, şüphe, korku, benim eserim;
Sıcak kalbinizde gizlidir yerim,
Bir kurdum ki, sizi hep diş diş yerim,
Ve gezerim her gün elbisenizde...

(1928)

BENİM NEFSİM

Ruhuma bir kefen bezi yeter de,
Yetmez aç nefsime sırma ve ipek.
Çare yok, yüzünden düştüğüm derde;
Yesem de "toprakla karışık kepek..."

Güneşle bir tutsam girmez hizaya;
Dar bulur, sığmam der, dipsiz fezaya.
Kuyruk sallar, sonra hırlar ezâya;
Benim nefsim, benim nefsim ne köpek!..

(1972)

VE NEFS

Köpek korkusiyle korktum ölümden,
Ölmeden ölmeyi anlayamadım.
Ne güneşler doğup battı üstümden;
Bir günü bir güne bağlayamadım.

Hırsıma ne şöhret yetti, ne de şan;
Döndüğüm her nokta dünyadan nişan.
Nefsimin ardından koştum perişan,
Ondan bir kıl bile avlayamadım...

(1972)

HEP NEFS

Göğsü yakut ve safîr;
Kapıda bir misafir...
Sordum: Kimsin, nesin sen?
Dedi: Şeytandan sefir!
Nefs isimli o kâfir...

Yüzü kapkara zifir;
Elinde kös ve nefir.
Sabit fikir burgusu,
Dili, çözülmez cifir.
Nefs isimli o kâfir...

(1973)

SABIR

Sabrın sonu selâmet,
Sabır hayra alâmet.
Belâ sana kahretsin;
Sen belâya selâm et!

Felâh mı, onda felâh,
Silâh mı, onda silâh.
Sen de kim oluyorsun?
Asıl sabreden Allah.

Sabır, incecik sırat;
Murat içinde murat.
Sabır Hakka tevekkül.
Sabır Hakka itimat.

Bir sır ki âşikâre,
Avcı yenik şikâre.
Yalnız, yalnız sabırda
Çaresizliğe çare...

Sabırla pişer koruk,
Yerle bir olur doruk.
Sabır, sabır ve sabır,
İşte Kur'anda buyruk!

(1982)

ÇOCUK

Annesi gül koklasa, ağzı gül kokan çocuk;
Ağaç içinde ağaç geliştiren tomurcuk...

Çocukta, uçurtmayla göğe çıkmaya gayret;
Karıncaya göz atsa "niçin, nasıl?" ve hayret...

Fatihlik nimetinden yüzü bir nurlu mühür;
Biz akıl tutsağıyız, çocuktur ki asıl hür.

Allah diyor ki: "Geçti gazabımı rahmetim!"
Bir merhamet heykeli mahzun bakışlı yetim...

Bugün ağla çocuğum, yarın ağlayamazsın!
Şimdi anladığını, sonra anlayamazsın!

İnsanlık zincirinin ebediyet halkası;
Çocukların kalbinde işler zaman rakkası...

(1983)

ANLAMAK

Anlamak yok çocuğum, anlar gibi olmak var;
Akıl için son tavır, saçlarını yolmak var...

(1983)

ALLAH DOSTU

Allah dostunu gördüm, bundan altı yıl evvel;
Bir akşamdı ki, zaman, donacak kadar güzel.

(1940)

MÜRŞİD

Bana, yakan gözlerle, bir kerecik baktınız;
Ruhuma, büyük temel çivisini çaktınız!

(1940)

ALLAHIN SEVGİLİSİ

Düşünüyorum: O'ndan evvel zaman var mıydı?
Hakikatler, boşluğa bakan aynalar mıydı?

(1938)

PEYGAMBER

Sende insan ve toplum, sende temel ve bina;
Ne getirdin, götürdün, bildirdinse âmennâ!..

(1983)

"O"

O, Allahın emriyle Kâinat Efendisi;
Varlığın Tacı, varlık nurunun ta kendisi...

(1974)

ÖLÇÜ

Müjdecim, Kurtarıcım, Efendim, Peygamberim;
Sana uymayan ölçü, hayat olsa teperim!

(1974)

O DİYORSA

Gözüm, aklım, fikrim var deme, hepsini öldür!
Sana çöl gibi gelen, O, göl diyorsa göldür!

(1977)

RÜTBE

Düşünün, ben ne büyük rütbeye tutkuluyum!
Çünkü O'nun kulunun kölesinin kuluyum!

(1973)

KARA TAHTA

Dünyayı yererken de yine onunla ilgim;
Nefse el süremiyor kara tahtada silgim...

(1982)

HEP O

Hep nefs çıkar karşıma, ölüp ölüp dirilsem;
İnsandan kaçmak kolay; kendimden kaçabilsem...

(1973)

SOFRA

Doymayan nefs, gözünü kara toprak doyursun!
Soframıza açlığı besleyenler buyursun!

(1983)

ALLAH DOSTU

Allah dostu odur ki, nefsine tek pay biçmez;
Kırk yıl bir ekşi ayran özler de onu içmez.

(1983)

HAYRET

Şeyh-i Ekber'e göre en üstün makam, hayret;
Ben de şaşkınlardanım, Rabbim sonumu hayr et!..

(1972)

DİVÂNE

Düşün o divâneyi "her şey içimde" diyen;
Ateş denilse yanan, su denilse eriyen...

(1973)

ŞAİR

Ben şairim, gâibi kurcalayan çilingir;
Canlı cenazelerin başında Münker-Nekir...

(1939)

KAVANOZ

Bir cümbüştür kopsa da, gece, yakamozlarda;
Münzevî balıklarız ayrı kavanozlarda...

(1983)

İNSAN VE ALLAH

İnsan... İplikte büklüm, suda bir anlık suret...
Allah... Olmanın ona mahsus olduğu kudret...

(1974)

BAŞ

Eklense de başıma dünyada kaç baş varsa,
Başım, onların hepsi için secdeye varsa...

(1974)

MÜSLÜMAN YÜZÜ

O yüz, her hattı tevhid kaleminden bir satır;
O yüz ki, göz değince Allahı hatırlatır...

(1976)

MUTLU

Mutlu adam, dünyayı bir acı gurbet bilen;
Öz vatan pınarından, ölümü şerbet bilen...

(1977)

LEVHA

Mezarlarda susarken dilsizler, dudaksızlar;
Üstlerinde ot biter, kuş öter, arı vızlar...

(1976)

UÇANLAR

Uçanlar, iç fezada mesafeyi yenesi;
Sayıları yakacak kadar ışık senesi...

(1976)

OYUNCAK

Ben bir atım, iradem, elinde binicimin;
Bir çocuk oyuncağı, ucunda bir sicimin...

(1976)

KAMIŞ

Ben o kutsî nefesin üflediği kamışım;
Ses onun, ben imzamı atmışım, atmamışım...

(1976)

ESFEL-İ SAFİLÎN

Bir bak, zaman ve mekân, nasıl kuşatılmışız;
Belli ki, en tepeden en dibe atılmışız...

(1976)

ONLAR

Onlar ki, dudakları ölümsüzlük tasında;
İmzaları, mâverâ yurdu haritasında...

(1976)

İNSAN

Bir bölünmez ki, insan, onu zaman bölüyor;
İnsan her ân dirilip, her saniye ölüyor...

(1978)

SUÂL - CEVAP

Suâl: Ey velî, insan nasıl olmalı, söyle!
Cevap: Son ânda nasıl olacaksa hep öyle...

(1973)

ÇİFT KANAT

Biri aşk, biri nefret; bizim kanadımız çift...
Ateş saçmalı ki nur, erisin kapkara zift...

(1977)

DEV

Öyle bir devim ki, ben, hakikatte pireyim,
Bir delik gösterin de, utancımdan gireyim...

(1977)

AKIL

Akıl, akıl olsaydı ismi gönül olurdu;
Gönül gönlü bulsaydı, bozkırlar gül olurdu.

(1980)

İNSAN

İnsan, bir mes'ut zâlim, insan bir mağrur cahil;
Tekne kırık, su azgın ve kayıplarda sahil...

(1983)

SEVİNÇ

Bir sevinç var ki kalbte, Arşı doldurur sesi;
O ne sonsuz sevinçtir, ebediyet neş'esi...

(1980)

YAĞIZ AT

İşaret bekliyorum, yağız atım eyerli;
Yanarım sorarlarsa, ne getirdin değerli?

(1980)

ŞARKI

Her ağızda, her telde, fânilik dırıltısı
Sonunda tek bir şarkı, tabutun gıcırtısı...

(1980)

VASİYET

Son gün olmasın dostum, çelengim, top arabam;
Alıp beni götürsün, tam dört inanmış adam...

(1939)

ÖLÜM

İŞİM ACELE

Gökte zamansızlık hangi noktada?
Elindeyse yıldız yıldız hecele!
Hüküm yazılıyken kara tahtada,
İnsan yine çare arar ecele!

Gençlik... Gelip geçti... Bir günlük süstü;
Nefsim doymamaktan dünyaya küstü.
Eser darmadağın, emek yüzüstü;
Toplayın eşyamı, işim acele!

(1972)

ORADA

Güneş mızrak boyu yaklaştı ufka.
Camlarda renklerin vedâ cümbüşü,
Ey gönül, mâdenin ne kadar yufka!
Yeter ağlamana bir kuş ötüşü.

Ölüm dedikleri, ölünceyedek;
Dünya, balı zehir, yalancı petek.
Orada bulursun, biraz bekle, tek,
Burada yaşamak sandığın düşü...

(1972)

İNANMAZ

"Ticaretin tüm ziyan!" diye bir ses rüyada;
Mezarına birlikte girecek şeyi kazan!
Seni gözleyen eşya, bitpazarı dünyada,
Patiska kefen, çürük teneşir, isli kazan.

Minarede "ölü var!" diye bir acı salâ...
Er kişi niyetine saf saf namaz... Ne âlâ!
Böyledir de ölüme kimse inanmaz hâlâ!
Ne tabutu taşıyan, ne de toprağı kazan...

(1973)

ÖLMEMEK

Kesilmiş bir kamış, ormanlıklardan,
İnsan... Rüzgârlara bağlı bir düdük.
İndik de dünyaya karanlıklardan,
Sıra sıra mezar, başka ne gördük?

Ölmemek, ilk ve son, büyük kelime;
Çarpıldık, ölmemek için ölüme!
Ver Allahım, büyük sırrı elime;
Geçmez ân, solmaz renk, kopmaz bütünlük.

(1972)

ESKİ RAFTA

Oyuncak kırılır, haydi, ya insan,
Nasıl parçalanır, nasıl bölünür?
Söylerler, mezara kulak dayasan;
Bir daha ölmemek için ölünür.

Çekilmez akılda bu kadar sancı;
Akıl bir çürük diş, at, kurtulursun!
Ölmemenin olsa gerek ilacı;
Eski rafta ara, belki bulursun!

(1972)

DÖVÜN

Ben ölünce etsin dostlarım bayram;
Üstüste tam kırk gün, kırk gece düğün!
Açı doyurmaksa kabirde meram,
Yemeğim Fâtiha, günde beş öğün.

Hey gidi, gölgeler ülkesi dünya!
Bir görünmez şeyin gölgesi dünya!
Boşlukta ayrılık bölgesi dünya!
Bu dünyada yeme, içme ve dövün!

(1972)

ÖLÜNÜN ODASI

Bir oda, yerde bir mum, perdeler indirilmiş;
Yerde çıplak bir gömlek, korkusundan dirilmiş.
Sütbeyaz duvarlarda, çivilerin gölgesi;
Artık ne bir çıtırtı, ne de bir ayak sesi...
Yatıyor yatağında, dimdik, upuzun, ölü;
Üstü, boynuna kadar bir çarşafla örtülü.
Bezin üstünde, ayak parmaklarının izi;
Mum alevinden sarı, baygın ve donuk benzi.
Son nefesle göğsü boş, eli uzanmış yana;
Gözleri renkli bir cam, mıhlı ahşap tavana.
Sarkık dudaklarının ucunda bir çizgi var;
Küçük bir çizgi, küçük, titreyen bir ân kadar.
Sarkık dudaklarında asılı titrek bir ân;
Belli ki, birdenbire gitmiş çırpınamadan.
Bu benim kendi ölüm, bu benim kendi ölüm;
Bana geldiği zaman, böyle gelecek ölüm...

(1925)

ÇAN SESİ

Odamda yanan mumu üfledi bir çan sesi.
Gözlerim halka halka gördü bu uçan sesi.
Önümden bir hız geçti, aktı ateşten izler;
Açıldı kıvrım kıvrım toprak altı dehlizler.
Şimşekler yanıp söndü, şimşekler sönüp yandı;
Derindeki sarnıçta durgun sular uyandı.
Sağa sola sallanıp, dan, dan, dan, çaldı çanlar;
Durmadan çaldı çanlar, durmadan çaldı çanlar,
Sular ürperdi, eşya ürperdi, tunç ürperdi;
Çanlar, kocaman çanlar, korkunç korkunç ürperdi.
Gördüm ki, adım adım, gölge gölge keşişler,
Ebedî karanlığın mahzenine inmişler...

(1925)

RUH

Ya bin yıl, ya bin asır sonra o gün gelecek.
Koklarken küllerimi mezarımda bir böcek,
O kadar yanacak ki, bir yüksüklük toprağım,
Yerden bir damar gibi kopup fışkıracağım!

Ve birden bakacağım, her tarafım bitişmiş,
Başım, toprak altında bir mâden gibi pişmiş.
Nefesten daha ince bir ipek kumaş derim;
Fosfordan daha parlak, ince uzun ellerim.
Dalacağım kendimin hayran hayran seyrine,
Diyeceğim; Bu dönen şeyler eski yerine,
Benim diye baktığım şeyler miydi bir zaman?
Külümün rüyası mı yoksa gördüğüm?.. Aman!
Başımda açılacak fânîlerin seması,
Ve onların toprağa gerçek diye teması,
Bir tatlı vehim gibi içimi bayıltacak;
Toprağın, koşacağım, üzerinde yalnayak;
Şehrin, dolaşacağım kuş gibi etrafında;
Bir beyaz hayaletin upuzun çarşafında,
Gezeceğim, doğduğum evin odalarını.
Geceleyin, koskoca şehrin lâmbalarını,
Bir keskin üfleyişim söndürmeye yetecek;
Korku, şehrin çelikten sesini tüketecek.
Her şey susacak o ân, çalınacak kapılar;
Kiremitleri yaprak yaprak alan bir rüzgâr,
Ağzımdan haykıracak, uzun, gizli, çapraşık...
Erişilmez fikir ki, düğüm düğüm dolaşık...
Sarıldıkça boşanan yumak, çözülen demet;
Başı görünmez hayâl, sonu gelmez nedâmet...

(1931)

TABUT

Tahtadan yapılmış bir uzun kutu;
Baş tarafı geniş, ayak ucu dar.
Çakanlar bilir ki, bu boş tabutu,
Yarın kendileri dolduracaklar.

Her yandan küçülen bir oda gibi,
Duvarlar yanaşmış, tavan alçalmış.
Sanki bir taş bebek kutuda gibi,
Hayalim, içinde uzanmış kalmış.

Cılız vücuduma tam görünse de,
İçim, bu dar yere sığılmaz diyor.
Geride kalanlar hep dövünse de,
İnsan birer birer yine giriyor.

Ölenler yeniden doğarmış; gerçek!
Tabut değildir bu, bir tahta kundak.
Bu ağır hediye kime gidecek,
Çakılır çakılmaz üstüne kapak?

(1930)

ÖLÜLER

Ölüler bağrıyor mezarlarından:
Yolcular, oturun taşlarımızda!
Onları deviren biziz toprağa,
Biz attık onları böyle ayağa;
Sakın atlamayın kenarlarından!
Ölüler bağrıyor mezarlarından...

Yolcular, uzanın yere upuzun;
Dayayın taşlara başlarınızı!
Tüy yastıklar gibi rahat taşımız,
Birleşsin bir lâhza orda başımız!
Bizdedir cevabı kuruntunuzun;
Yolcular, uzanın yere upuzun!

Ben de bir gün böyle haykıracağım:
Yolcular, oturun mezar taşımda!
Yolcular, önümde fısıldaşacak,
Yolcular, aşılmaz yollar aşacak.
Taşımı yerlere yatıracağım;
Ben de bir gün böyle haykıracağım!

(1935)

CANSIZ AT

Bilmem, kaçı kaç geçe,
Bilmem, kaça kaç kala,
Ya erkence, ya geçce,
Sıram gelir, hoppala!

Altımda gacır gucur,
Kişner durur cansız at...
İşte servili çukur;
Ve ölümsüz hakikat!

(1944)

GÖZLER

Bir şey kalmaz, yalınız,
Kalır maziden gözler.
Ölür de her yanımız,
Sağ kalır, neden gözler?

Birer yıldız olur da,
Kırpışırlar havada,
Kupkuru bir kafada,
Apaçık giden gözler...

(1928)

BİTER

Kakılır bir yerde, kalır oyuncak,
Kurgular biter.
Ölüm... O geldi mi ne var korkacak?
Korkular biter.

Fikir, açmaz artık beyinde kuyu;
Burgular biter.
Unuturuz hayat adlı uykuyu,
Uykular biter.

Biter, her şey biter; ses, şekil ve renk,
Kokular biter.
Kabir sualiyle kapanır kepenk,
Sorgular biter.

(1963)

ŞÜKÜR

Kıyamete kadar yıkılmaz çatı;
Kabir!
Ha doksan bir olmuş evlerin katı,
Ha bir!

Karanlık, deştikçe dipsiz karanlık...
Düşün!
Olanca gerçeği işte, bir ânlık
Düş'ün.

Tükür bu hayatın irin yüzüne!
Tükür!
Gam yeme, çıkmak var yolun düzüne;
Şükür!

(1972)

MEZAR

Kapıya ne icra memuru gelir,
Ne Birinci Şube sivil polisi...
İçerde kimine kuş tüyü sedir;
Yüz üstü toprağa düşer kimisi...

Bir musikî orda zaman ve mekân...
Yıldız dolu feza küçük camekân...
İmkân atomunu çatlatan imkân...
Bir hiç ki, içinde heplerin hepsi...

(1978)

TABLO

Ölümü sığdıramaz,
Akıl daracık koğuk.
Ölemez, çıldıramaz,
Ağlarlar boğuk boğuk.

İlâç yarım, şişede,
Koltuk mahzun, köşede,
Ev halkı telâşede,
Ölü yerde, sopsoğuk...

(1982)

BOŞ DÜNYA

Gittiler... Bana dünyam
Birdenbire boş geldi.
Seçilmez oldu eşyam.
Odalarım loş geldi.

Gözlerim müebbette,
Günü gelir elbette...
Gelir, Melek nöbette,
Safa geldi, hoş geldi.

(1982)

ARALIK KAPI

Bu dünya bir kuyu, havasız çömlek;
Daralıyorum!

Kelime, mânayı boğan bir gömlek!
Paralıyorum!

Allah ismi varken lûgat ne demek!
Karalıyorum!

Kapımı, buyursun diye o Melek;
Aralıyorum!

(1982)

GEÇİLMEZ

Bu kapıdan kol ve kanat kırılmadan geçilmez;
Eşten, dosttan, sevgiliden ayrılmadan geçilmez.

İçeride bir has oda, yeri samur döşeli;
Bu odadan gelsin diye çağrılmadan geçilmez.

Eti zehir, yağı zehir, balı zehir dünyada,
Bütün fâni lezzetlere darılmadan geçilmez.

Varlık niçin, yokluk nasıl, yaşamak ne, topyekün?
Aklı yele salıverip çıldırmadan geçilmez.

Kayalıklı boğazlarda yön arayan bir gemi;
Usta kaptan kılavuza varılmadan geçilmez.

Ne okudun, ne öğrendin, ne bildinse berhavâ;
Yer çökmeden, gök iki şak yarılmadan geçilmez.

Geçitlerin, kilitlerin yalnız O'nda şifresi;
İşte, işte o eteğe sarılmadan geçilmez!

(1983)

GELİYORUM

Geliyorum!
Tülbent içinde çenem;
Eski kütükte senem;
Geliyorum!

Meliyorum!
Dağlar hasret duvarı...
Dağıttılar davarı,
Meliyorum!

Deliyorum!
Zaman kesik ve çabuk;
Her kelime bir kabuk,
Deliyorum!

Eliyorum!
Akıl sormaya mecbur;
Gökleri kalbur kalbur
Eliyorum!

Çeliyorum!
Ey nefs keyfince dayat!
Bir çelmelik bu hayat!
Çeliyorum!

(1982)

BÜYÜK RANDEVU

Büyük randevu... Bilsem nerede, saat kaçta?
Tabutumun tahtası, bilsem hangi ağaçta?

(1958)

DİPSİZ KUYU

Ağzıma soğuk kurtlar dolacak, gözüme kum;
Dipsiz kuyu, sürdükçe zaman, sürecek uykum...

(1939)

YOKLUK

Yokluk, o donduran buz, o söndüren karanlık;
Büsbütün bilgisizlik ve tam bir unutkanlık...

(1939)

HABERİ YOK

Şu geçeni durdursam, çekip de eteğinden;
Soruversem: Haberin var mı öleceğinden?

(1939)

GEÇER AKÇA

Hasis sarraf, kendine bir başka kese diktir!
Mezarda geçer akça neyse, onu biriktir!

(1972)

NASIL

Başım çığlıklı çocuk, onu nasıl avutsam?
Ne yapsam da ölümü bir saatcik unutsam?..

(1976)

EZAN

Ölürken aynı âhenk, salâ sesinden sızan:
Kulağıma doğduğum günde okunan ezan.

(1958)

HASRET

Ölecek miyim, tam da söyleyecek çağımda;
Söylenmedik cümlenin hasreti dudağımda...

(1975)

ZAFER ARABASI

Sultan olmak dilersen, tacı, sorgucu unut!
Zafer araban senin, gıcırtılı bir tabut!

(1972)

TABUT

Ufka bakarlar; Ölüm uzakta mı, uzakta...
Ve tabut bekler, suya inmek için kızakta...

(1977)

GİTTİLER

Dostlarım ev eşyamdı, bir bir gitti, diyorum.
Artık boş odalarda ölümü bekliyorum.

(1973)

TEBESSÜM

Bu dünyada renk, nakış, lezzet, ne varsa küsüm;
Gözümde son marifet, Azrâile tebessüm...

(1973)

BAYRAM

Ölüm ölene bayram, bayrama sevinmek var;
Oh ne güzel, bayramda tahta ata binmek var!..

(1982)

O DEM

O dem çocuklar gibi sevinçten zıplar mısın?
Toprağın altındaki saklanbaçta var mısın?

(1973)

HÜNER

O demde ki, perdeler kalkar, perdeler iner,
Azrâile "hoşgeldin!" diyebilmekte hüner...

(1976)

KAPI

Kapı kapı bu yolun son kapısı ölümse;
Her kapıda ağlayıp o kapıda gülümse!

(1982)

MÜJDE

Öleceğiz; müjdeler olsun, müjdeler olsun!
Ölümü de öldüren Rabbe secdeler olsun!

(1982)

GÜZEL ŞEY

Ölüm güzel şey; budur perde ardından haber...
Hiç güzel olmasaydı ölür müydü Peygamber?..

(1977)

ŞEHİR

KALDIRIMLAR

1

Sokaktayım, kimsesiz bir sokak ortasında;
Yürüyorum, arkama bakmadan yürüyorum.
Yolumun karanlığa saplanan noktasında,
Sanki beni bekleyen bir hayâl görüyorum.

Kara gökler kül rengi bulutlarla kapanık;
Evlerin bacasını kolluyor yıldırımlar.
İn cin uykuda, yalnız iki yoldaş uyanık;
Biri benim, biri de serseri kaldırımlar.

İçimde damla damla bir korku birikiyor;
Sanıyorum, her sokak başını kesmiş devler...
Üstüme camlarını, hep simsiyah, dikiyor;
Gözüne mil çekilmiş bir âmâ gibi evler.

Kaldırımlar, çilekeş yalnızların annesi;
Kaldırımlar, içimde yaşamış bir insandır.
Kaldırımlar, duyulur, ses kesilince sesi;
Kaldırımlar, içimde kıvrılan bir lisandır.

Bana düşmez can vermek, yumuşak bir kucakta;
Ben bu kaldırımların emzirdiği çocuğum!
Aman, sabah olmasın, bu karanlık sokakta;
Bu karanlık sokakta bitmesin yolculuğum!

Ben gideyim, yol gitsin, ben gideyim, yol gitsin;
İki yanımdan aksın, bir sel gibi fenerler.
Tak, tak, ayak sesimi aç köpekler işitsin;
Yolumun zafer tâkı, gölgeden taş kemerler.

Ne sabahı göreyim, ne sabah görüneyim;
Gündüzler size kalsın, verin karanlıkları!
Islak bir yorgan gibi, sımsıkı bürüneyim;
Örtün, üstüme örtün, serin karanlıkları.

Uzanıverse gövdem, taşlara boydan boya;
Alsa buz gibi taşlar alnımdan bu ateşi.
Dalıp, sokaklar kadar esrarlı bir uykuya,
Ölse, kaldırımların kara sevdalı eşi..

(1927)

KALDIRIMLAR

2

Başını bir gâyeye satmış kahraman gibi,
Etinle, kemiğinle, sokakların malısın!
Kurulup şiltesine bir tahtaravan gibi,
Sonsuz mesafelerin üstünden aşmalısın!

Fahişe yataklardan kaçtığın günden beri,
Erimiş ruhlarınız bir derdin potasında.
Senin gölgeni içmiş, onun gözbebekleri;
Onun taşı erimiş, senin kafatasında.

İkinizin de ne eş, ne arkadaşınız var;
Sükût gibi münzevî, çığlık gibi hürsünüz.
Dünyada taşınacak bir kuru başınız var;
Onu da, hangi diyar olsa götürürsünüz.

Yağız atlı süvari, koştur, atını, koştur!
Sonunda kabre çıkar bu yolun kıvrımları.
Ne kaldırımlar kadar seni anlayan olur,
Ne senin anladığın kadar, kaldırımları...

(1927)

KALDIRIMLAR

3

Bir esmer kadındır ki, kaldırımlarda gece,
Vecd içinde başı dik, hayalini sürükler.
Simsiyah gözlerine, bir ân, gözüm değince,
Yolumu bekleyen genç, haydi düş peşime der.

Ondan bir temas gibi rüzgar beni bürür de,
Tutmak, tutmak isterim, onu göğsüme alıp.
Bir türlü yetişemem, fecre kadar yürür de,
Heyhat, o bir ince ruh, bense etten bir kalıp.

Arkamdan bir kahkaha duysam yaralanırım;
Onu bir başkasına râm oluyor sanırım,
Görsem pencerelerde soyunan bir karaltı.

Varsın, bugün bir acı duymasın gözyaşımdan;
Bana rahat bir döşek serince yerin altı,
Bilirim, kalkmayacak, bir yâr gibi başımdan...

(1927)

OTEL ODALARI

Bir merhamettir yanan, daracık odaların,
İsli lâmbalarında, isli lâmbalarında.

Gelip geçen her yüzden gizli bir akis kalmış,
Küflü aynalarında, küflü aynalarında.

Atılan elbiseler, boğazlanmış bir adam,
Kırık masalarında, kırık masalarında.

Bir sırrı sürüklüyor, terlikler tıpır tıpır,
İzbe sofalarında, izbe sofalarında.

Atıyor sızıların, çıplak duvarda nabzı,
Çivi yaralarında, çivi yaralarında.

Kulak verin ki, zaman, tahtayı kemiriyor,
Tavan aralarında, tavan aralarında.

Ağlayın, âşinasız, sessiz, can verenlere,
Otel odalarında, otel odalarında!..

(1927)

BACALAR

Görürüm, çıkmışlar, kararmış çatılardan,
Kemik bir kol nasıl fırlarsa bir mezardan.
Her ân, bir haberi kollar gibi yukardan,
Dipsiz maviliğin esrarını kurcalar,
Bacalar...

Kimi ince, kimi uzun, kimi de kısa;
Dalmışlar başbaşa afyon çekerek yasa.
Onlar, insanların gözünde bir kartalsa,
İnsanlar, onların gözünde karıncalar,
Bacalar...

Kimbilir, belki de evlerin cinleridir;
Kolları bir dâvet gibi göğe yükselir,
Ölüler, ölüler, arka arkaya gelir,
Ruhların mehtâba daldığı taraçalar,
Bacalar...

Azap kuleleri, cüceleşmiş devlerin;
Kör mazgallarında raksı var alevlerin.
Öyle evcikler ki, tepesinde evlerin,
Kopuyor içinde görünmez facialar;
Bacalar...

(1930)

İSTASYON

Burda gelir insana,
Boş günlerin usancı.
Çalar birden kampana,
Ölüm çanından acı.

Sonra bir düdük öter,
Kesik çığlıklarla der:
Burdan bildik gidenler,
Yarın döner yabancı...

(1928)

İSKELE

Yorulmuş esnemekten,
Herkes neyi bekliyor?
Bir ölü beklemekten,
Bu bekleyiş daha zor.

Geldi yorgun ve hazin,
Hiç de sezdirmeksizin,
Sularda kabrimizin,
Yolunu açan vapor...

(1930)

SOKAK

Öyle bir sokak ki, bu
Her köşede bir kadın;
Geçene, öz yolcusu
Gibi bakar... Anladın...

Ve kalbin sana sorar:
Bakıp geçmekte ne var?
Sen de her insan kadar
Onlara aşinaydın....

(1928)

CANIM İSTANBUL

Ruhumu eritip de kalıpta dondurmuşlar;
Onu İstanbul diye toprağa kondurmuşlar.
İçimde tüten bir şey; hava, renk, edâ, iklim;
O benim, zaman mekân aşıp geçmiş sevgilim.
Çiçeği altın yaldız, suyu telli pulludur;
Ay ve güneş ezelden iki İstanbulludur.
Denizle toprak, yalnız onda ermiş visale;
Ve kavuşmuş rüyalar, onda, onda misâle.

İstanbul benim canım;
Vatanımda vatanım...
İstanbul,
İstanbul...

Tarihin gözleri var, surlarda delik delik;
Servi, endamlı servi, ahirete perdelik...
Bulutta şaha kalkmış Fatih'ten kalma kır at;
Pırlantadan kubbeler, belki bir milyar kırat...
Şahadet parmağıdır göğe doğru minare;
Her nakışta o mâna: Öleceğiz ne çare?
Hayattan canlı ölüm, günahtan baskın rahmet;
Beyoğlu tepinirken ağlar Karacaahmet...

O mânayı bul da bul!
İlle İstanbul'da bul!
İstanbul,
İstanbul...

Boğaz gümüş bir mangal, kaynatır serinliği;
Çamlıca'da yerdedir göklerin derinliği.
Oynak sular yalının alt katına misafir;
Yeni dünyadan mahzun, resimde eski sefir.
Her akşam camlarında yangın çıkan Üsküdar,
Perili ahşap konak, koca bir şehir kadar...
Bir ses, bilemem tanbur gibi mi, ud gibi mi?
Cumbalı odalarda inletir "Kâtibim"i...

Kadını keskin bıçak,
Taze kan gibi sıcak...
İstanbul,
İstanbul...

Yedi tepe üstünde zaman bir gergef işler!
Yedi renk, yedi sesten sayısız belirişler...
Eyüp öksüz, Kadıköy süslü, Moda kurumlu,
Adada rüzgâr, uçan eteklerden sorumlu.
Her şafak Hisarlarda oklar çıkar yayından
Hâlâ çığlıklar gelir Topkapı Sarayından.
Ana gibi yâr olmaz, İstanbul gibi diyar;
Güleni şöyle dursun, ağlayanı bahtiyar...

Gecesi sümbül kokan
Türkçesi bülbül kokan
İstanbul,
İstanbul...

(1963)

APARTMAN

Sır vermeye alışkan
Pencereler aydınlık.
Duvara şüphe çakan
Gölgelerde şaşkınlık.

Üst üste insan türü,
Bu ne hayat, götürü!
Yakınlıktan ötürü
Kaçıp gitmiş yakınlık...

(1973)

KARACAAHMET

Deryada sonsuzluğu fikretmeye ne zahmet!
Al sana, derya gibi sonsuz Karacaahmet!
Göbeğinde yalancı şehrin, sahici belde;
Ona sor, gidenlerden kalan şey neymiş elde?

Mezar, mezar, zıtların kenetlendiği nokta;
Mezar, mezar, varlığa yol veren geçit, yokta...
Onda sırların sırrı: Bulmak için kaybetmek.
Parmakların saydığı ne varsa hep tüketmek.
Varmak o iklime ki, uğramaz ihtiyarlık;
Ebedî gençliğin taht kurduğu yer, mezarlık.
Ebedî gençlik ölüm, desem kimse inanmaz;
Taş ihtiyarlar, servi çürür, ölüm yıpranmaz.
Karacaahmet bana neler söylüyor, neler!
Diyor ki, viran olmaz tek bucak, viraneler,
Zaman deli gömleği, onu yırtan da ölüm;
Ölümde yekpâre ân, ne kesiklik, ne bölüm...
Hep olmadan hiç olmaz, hiçin ötesinde hep;
Bu mu dersin, taşlarda donmuş sükûta sebep?
Kavuklu, başörtülü, fesli, başaçık taşlar;
Taşlara yaslanmış da küflü kemikten başlar,
Kum dolu gözleriyle süzüyor insanları;
Süzüyor, sahi diye toprağa basanları.
Onlar ki, her nefeste habersiz öldüğünden,
Gülüp oynamaktalar, gelir gibi düğünden.
Onlar ki, sıfırlarda rakamları bulmuşlar,
Fikirden kurtularak, ölümden kurtulmuşlar.
Söyle Karacaahmet, bu ne acıklı talih!
Taşlarına kapanmış, ağlıyor koca tarih!

(1969)

NUR ŞEHRİ

Şehirlerde tabanım değil yüreğim yanık:
Nur şehrine gidelim, yürü, çilekeş çarık!

(1959)

ŞEHRİN KALBİ

Nur yolunu tıkıyor yüzbir katlı gökdelen.
Bir küçük iğne yok mu, şehrin kalbini delen?

(1968)

TABİAT

ŞEHİRLERİN DIŞINDAN

Kalk, arkadaş, gidelim!
Dereler yoldaşımız,
Dağlar omuzdaşımız,
Dünyayı seyredelim,
Şehirlerin dışından.
Esmerden, sarışından
Kaçalım, kurtulalım!
Haydi yürü, bulalım;

Kat kat çıkmış evlerin,
O cam gözlü devlerin
Gizlediği âlemi!
Bir tüy gibi yel alsın,
Bir dal gibi sel alsın,
Bizden menhus elemi.
Attığımız nâralar,
Yol açsın karanlıkta.
Çeksin bizi mağralar,
Bir derin ormanlıkta;
Öttürüp sert bir ıslık,
Yılanları çağralım.
Peşinden çığlık çığlık,
Çakallara bağralım,
Ötelim baykuşlarla.
Kızıl akşamüstleri,
Hicret eden kuşlarla.
Sema, deniz ve yeri,
Çepçevre iklim iklim,
Dolaşalım, gezelim!
Yollar bizden bir izdir,
Ne duysak sesimizdir.
Ne görsek benzer bize.
Hiç şaşmayan bir saat
Gibi işler tabiat,
Uyarak kalbimize.
Mevsimler boğum boğum,
Zamanın ipliğinde.
Başı görünmez doğum,
Sonu ölçülmez hayat...
Hayvan, nebat ve cemat,
Hepsi ilk gençliğinde.
Ölen ölür, yıpranmaz;
Giden, gider, aranmaz.

Böyle geçer ömrümüz,
Bir gün gelir ölürüz,
Haberimiz olmadan.
Ve o zaman, o zaman,
Hayat neymiş görürsün!
Bırak, keyfini sürsün,
Şehirlerin, köleler!
Yeter bizi tuttuğu!
Tükensin velveleler!
Kalk arkadaş, gidelim!
İnsanın unuttuğu
Allahı zikredelim;
Gül ve sümbül hırkamız,
Sular, kuşlar, halkamız...

(1926)

GARİPCİK

Bahçemde Yusufçuk adlı kuş
Öter hep: Necipcik, Necipcik!
Bir iğne, kalbime sokulmuş,
Başımda küt diye bir dipçik.

Tabiat, gurbetten bir pusu;
Çırpınır, denizi arar su.
Haykırır, baykuşu, kumrusu:
Var yürü, garipcik, garipcik...

(1973)

SES

Her taraf pırıl pırıl;
Toz yağmuru, samandan.
Rüyada bastırıldım,
Ses geliyor ormandan...

Süzülmüş ki, süzülmüş,
Son kelime, harmandan;
Altından bir anahtar,
Ses geliyor ormandan...

Benim bir bilmecem var,
Daha girift zamandan.
Çözülsene kördüğüm!
Ses geliyor ormandan...

Arkalarda şehirler,
Kıvılcımdan, dumandan,
Hasretten daha ılık,
Ses geliyor ormandan...

Kaçın, kaçın kuytuya,
Ahtan, oftan, amandan!
Kafdağına giden yol,
Ses geliyor ormandan...

Bir yıldızdan münzevî
Bir sahilsiz ummandan,
Gariblere bir haber,
Ses geliyor ormandan...

(1944)

AZGIN DENİZ

Hangi hissin parmağı dokundu ki, derine,
Düştü bir gizli alev salkımı içerine?
Hangi kâbus bastı ki, seni uykularında,
Birdenbire cehennem kaynadı sularında?
Örtüldü baştan başa tenin beyaz bir terle,
Duman duman yayılan incecik köpüklerle.
Hangi dert kaldı, söyle, bağrına üşüşmeyen,
Hangi ölüm şarkısı, bu dilinden düşmeyen?
Hangi öfkeyle yüzün, böyle karıştı yer yer,
Sana yan mı baktılar, bir şey mi söylediler?
Bir şey dinleme artık, artık birşey dinleme!
Çağır, bütün günahkâr ruhları cehenneme!
Karşına, sahil, kaya, insan kim çıkarsa vur!
Vur başına, âlemde, kör, sağır, ne varsa vur!
Sal her taraftan, dağdan, gökten, pencereden sal!
Nihayet kala kala dünyada tek kişi kal!

(1927)

DALGALAR

Sarmış deniz kızları gibi dalgalar bizi,
Uzun saçları gümüş, şeffaf tenleri fosfor.
Yumuşak başlariyle sarsarak teknemizi,
Yolcu, gittiğin sahil nerde diye bağrıyor.

Ne bir kıyıdan eser, ne bir ışıktan eser,
Sulardan daha derin, yolun karanlıkları.
Dalgalar, yürüyünüz, arayalım beraber,
Başımızı dövecek yalçın kayalıkları!..

(1926)

SUSAN DENİZ

Gittim, gittim, denizin,
Sınır yerine vardım.
Halin bana da geçsin!
Diye ona yalvardım.

Bir çılgın vesvesede,
İçim didiklense de,
Olaydım o cüssede,
Onun gibi susardım...

(1930)

DAĞLARDA ŞARKI SÖYLE

Al eline bir değnek,
Tırman dağlara, şöyle!
Şehir farksız olsun tek,
Mukavvadan bir köyle.

Uzasan, göğe ersen,
Cücesin şehirde sen;
Bir dev olmak istersen,
Dağlarda şarkı söyle!

(1931)

YILDIZLI BİR GECEDE

Sema bize seslenir;
Kalma, gel, işkencede!
Ruhumuz ebedîdir;
Bunu duy, tek hecede!

Ömür ki, bir kurak çöl,
Onu tek bir güne böl;
Şebnem gibi doğ ve öl,
Yıldızlı bir gecede!..

(1928)

MADDE VE RUH

Ne varsa nakış nakış, tabiatta, maddede,
Gözlerimdeki nurun aksi, beyaz perdede...

(1973)

SU

1

Bir hamam ki, arınma gayesinden şaheser;
Arınmışların yeri, Cennette nurlu Kevser.

(1980)

SU

2

Kâinatta ne varsa suda yaşadı önce;
Üstümüzden su geçer doğunca ve ölünce.

(1980)

SU

3

İnsanlar habersizken yolların verâsından,
Gökle toprak arası su şaşmaz mecrâsından.

(1980)

SU

4

Su kesiksiz hareket, zikir, ahenk, şırıltı;
Akmayan kokar diye esrarlı bir mırıltı.

(1980)

SU

5

Kâh susar, kâh çırpınır, kâh ürperir, kâh çağlar;
Su, eşyayı kemiren küfe ve pasa ağlar.

(1980)

SU

6

Su bir şekil üstü ruh, kalıplarda gizlenen;
Yerde kire battı mı, bulutta temizlenen...

(1980)

SU

7

Bu dünya insanlığa manevî hamam olsa;
Her rengiyle insanlık tek renkte tamam olsa...

(1980)

SU

8

Su duadır, yakarış, ayna, berraklık, saffet;
Onu madeni gökte altınlar gibi sarfet!

(1980)

KADIN

BEKLENEN

Ne hasta bekler sabahı,
Ne taze ölüyü mezar.
Ne de şeytan, bir günahı,
Seni beklediğim kadar.

Geçti istemem gelmeni,
Yokluğunda buldum seni;
Bırak vehmimde gölgeni,
Gelme, artık neye yarar?

(1937)

BEKLEYEN

Sen, kaçan bir ürkek ceylânsın dağda,
Ben, peşine düşmüş bir canavarım!
İstersen dünyayı çağır imdada;
Sen varsın dünyada, bir de ben varım!

Seni korkutacak geçtiğin yollar,
Arkandan gelecek hep ayak sesim.
Sarıp vücudunu belirsiz kollar,
Enseni yakacak ateş nefesim.

Kimsesiz odanda kış geceleri,
İçin ürperdiği demler beni an!
De ki: Odur sarsan pencereleri,
De ki: Rüzgâr değil, odur haykıran!

Göğsümden havaya kattığım zehir,
Solduracak bir gül gibi ömrünü,
Kaçıp dolaşsan da sen, şehir şehir,
Bana kalacaksın yine son günü.

Ölürsün... Kapanır yollar geriye;
Ben mezarla sırdaş olur, beklerim.
Varılmaz hayale işaret diye,
Toprağında bir taş olur, beklerim...

(1930)

DÖNEMEÇ

Bir gündü, hava ılık
Ve cadde kalabalık....
Bir kadın sapıverdi önümden dönemece;
Yalnız bir endam gördüm, arkasından, ipince.
Ve görmeden sevdiğim, işte bu kadın dedim,
Çarpıldım, sendeledim.

Bir gündü mevsim bayat
Ve esnemekte hayat....
Dönemeçten bir tabut çıktı ve üç beş adam;
Yalnız bir ahenk sezdim, çerçevede bir endam.
Ve tabutta, incecik, o kadın var, anladım;
Bir köşede ağladım...

(1940)

GEL

Yüzün bir sebepsiz korkuyla uçuk,
O gün başucuma karalarla gel!
Arkanda, çepçevre, kızıl bir ufuk,
Tepende simsiyah kargalarla gel!

Elinden, dal gibi düşerken ümit,
Ne bir hasret dinle, ne bir âh işit;
Bir yaprak ol, esen rüzgârlarla git,
Kırık bir tekne ol, dalgalarla gel!..

(1930)

VEDA

Elimde, sükutun nabzını dinle,
Dinle de gönlümü alıver gitsin!
Saçlarımdan tutup, kor gözlerinle,
Yaşlı gözlerime dalıver gitsin!

Yürü, gölgen seni uğurlamakta,
Küçülüp küçülüp kaybol ırakta,
Yolu tam dönerken arkana bak da,
Köşede bir lâhza kalıver gitsin!

Ümidim yılların seline düştü,
Saçının en titrek teline düştü,
Kuru yaprak gibi eline düştü,
İstersen rüzgâra salıver gitsin!

(1923)

AYDINLIK

Uyan yârim, uyan, söndü yıldızlar,
Gün, karşı tepeden doğmak üzredir.
Her sabah güneşi seyreden kızlar,
Mahmur gözlerini oğmak üzredir.

Uyan yârim, sesler geldi derinden,
Karanlık oynadı, koptu yerinden;
İlk ışık, kapının eşiklerinden,
Şimdi bir gölgeyi koğmak üzredir.

Sevgilim, kapımı çaldı aydınlık,
Baygın gözlerimi aldı aydınlık,
İçimde tıkandı, kaldı aydınlık,
Bu aydınlık beni boğmak üzredir.

(1923)

KADIN

Kalıp değil bir fikir...
Elmas sorguçlu fakir;
Açıkta sırrı bâkir;
Kadın...

Çölde kaçan bir serap;
Yönü kementli mihrap...
Mâdeni som ıstırap;
Kadın...

Dipsiz hasrete tuzak;
En yakınken en uzak....
Tadı zehrinde erzak;
Kadın...

Bir işaret, bir misâl;
Ayrılık remzi visâl...
Allah'a yol bir timsâl;
Kadın...

(1983)

KALAN

Bir ebedî mahrumluk, kalan bu hikâyeden;
Git, git, bir çıkmaz sokak, o varılmaz gâyeden...

(1956)

KADIN

Bir ufuk ki, ne Mecnun varabildi, ne Ferhad;
Bir ufuk ki, ilâhî sırrı bekleyen serhad...

(1973)

KADIN

Kadından kendisinde olmayanı isteriz;
Hasret yerinde kalır ve biz çekip gideriz...

(1983)

KORKU

CİNLER

Ne derlerse desinler,
Yakın dostlarım cinler...
Havanın ve alevin
Kemiksiz çocukları;
Yüzbir odalı evin
Haşmetli konukları,
Rüzgârdan topukları,
Yakın dostlarım cinler...

Kum gibi kalabalık,
Bin şekil ve bin kılık;
Suda bir gümüş balık,
Postacı güvercinler,
Zümrüt yüklü hecinler,
Yakın dostlarım cinler...

(1939)

BOŞ ODALAR

Şu karşı evin boş odalarında,
Duvarlara sinmiş bir hayâlet var.
Elinde mum, gece ortalarında,
Bucak bucak gezer, birini arar.

Camlar tutuşurken, eski kafesler,
Beyaz duvarlara aksetmiş, durur.
Dağınık sürüyü toplayan sesler,
Kapıya sokulup tokmağı vurur.

Sonra işitilir sert bir hıçkırık,
Basar odaları belirsiz cinler.
Karanlık avluda döner bir çıkrık;
Sanırsın, kundakta bir çocuk inler.

Akşam, dağılırken yerli yerine,
Bu evin önünde ürperiyorlar.
İçlerinden, kendi kendilerine:
Şu karşı ev tekin değil, diyorlar.

(1925)

GECE YARISI

Her gece periler uyur odamda,
Derinlerden gelir uzun nefesler,
Yanan mum bir rüya seyreder camda,
Bir ağır hastanın nabzıdır sesler.

Gittikçe alçalır, yükselir tavan,
Duvarda küçülür, büyür parmaklar.
Elbisem çivide canlanır o an,
İçinde bir başka vücudu saklar.

Her perdeden çalar sivrisinekler,
Sanki bir tel gevşer, bir tel burulur.
Sokakta uyanık kalan köpekler,
Yıldızlara bakıp durmadan ulur.

Birdenbire bir şey çıtırdar, derken,
Merdivenden gelir bir ayak sesi.
Basamaklar birer birer esnerken,
Kilitli kapının düşer perdesi.

Gözler parlayınca karanlıklarda,
Kemikten parmaklar terimi siler,
Yanyana oturmuş, bekler dışarda,
Sarışın kediler, siyah kediler...

(1925)

AYAK SESLERİ

Hep bu ayak sesleri, hep bu ayak sesleri,
Dolaşıyor dışarda, gün batışından beri.
Bu sesler dokunuyor en ağrıyan yerime,
Bir eski çıban gibi işliyor içerime.
Ey şimdi kara haber gibi bana yaklaşan,
Sonra saadet olup yanımdan uzaklaşan
Sesler, ayak sesleri, kesilmez çıtırdılar!
Bana gelen müjdeyi galiba caydırdılar.
Böyle adım atarlar, ayrılanlar eşinden,
Böyle yürür, gidenler, bir tabutun peşinden.
Kimsesiz gecelerim, bu kesik sesle doldu,
Artık, atan kalbim de bir ayak sesi oldu.
Bir gün, sönük göğsüme düştüğü vakit başım,
Benden ayrılıyormuş gibi bir can yoldaşım,
Gittikçe uzaklaşan bu sesi duya duya,
Yavaşça dalacağım, o kalkılmaz uykuya...

(1925)

AÇIKLARDA

Bir ağızdan çalınan düdükler, kalın kalın,
Boşlukta tos vuracak nokta arayan çığlık.
Koşup, yılanlar gibi üzerinden suların,
Arıyor teknemizi oturtacak bir sığlık...

Omuz omza şahlanan dalgalar, büyük büyük,
Bir ses işitip ürkmüş, sürülerle canavar.
Gözlerinde kıvılcım, ağızlarında köpük,
Birbirinin üstünden atlayıp geliyorlar.

Gittikçe boşluklara düşmekteyiz enginde;
Arkadaki sahilse, fosfor bir iz halinde,
Her an bir parça daha uzaklaşıyor bizden.

Deniz, bu yerde ölüm korkusu kadar derin;
Kocaman bir kuş gibi geliyor peşimizden,
Ruhu, bu kapkaranlık suda can verenlerin...

(1926)

VEHİM

Her gün elim tokmakta,
Bir ân irkiliyorum:
Annem belki yatakta,
Annem belki toprakta.

Gün bitiyor şafakta;
Biliyor, biliyorum:
Tabut gıcırdamakta
Ve hevesler damakta...

(1932)

KARINCA

Ruhum kelle şekeri, vehimlerse karınca;
Kömürden kara rengim, onlar beni sarınca...

(1939)

KORKUYORUM

Su çekildi, göründü sanki zamanın dibi,
Korkuyorum, bu akşam kıyamet varmış gibi...

(1977)

KORKU

Bir kalbim var ki benim, sevdiğinden burkulur:
Kahredenden ziyade, sevilenden korkulur...

(1973)

DÂUSSILA

TAKVİMDEKİ DENİZ

Hasreti denizlerin,
Denizler kadar derin
Ve o kadar bucaksız...
Ta karşımda, yapraksız,
Kullanılmış bir takvim...
Üzerinde bir resim:
Azgın, sonsuz bir deniz;
Kaygısız, düşüncesiz,
Çalkanıyor boşlukta.
Resimdeyse bir nokta:
Yana yatmış bir gemi...
Kaybettiği âlemi
Arıyor deryalarda.
Bu resim rüyalarda
Gibi aklımı çeldi;
Bana sahici geldi.

Geçtim kendi kendimden,
Yüzüme, o resimden,
Köpükler vurdu sandım;
Duymuş gibi tıkandım,
Ciğerimde bir yosun.
Artık beni kim tutsun?
Denizler oldu tasam.
Yakar, onu bulmazsam,
Beni bu hasret, dedim,
Varırım elbet, dedim,
Bir ömür geze geze
Takvimdeki denize.
Ne var, bana ne oldu,
Odama nasıl doldu,
Birdenbire bu meltem?
Ve dalgalandı perdem,
Havalandı kağıtlar.
Odamda kıyamet var!
Ah yolculuk, yolculuk!
Ne kadar baygın, soluk,
O gün bizde betbeniz;
Ve ne titrek kalbimiz
Ve eşyamız ne küskün!
Yola çıktığımız gün,
Bir sıraya dizilmiş,
Gözyaşlarını silmiş,
Bakarlar sinsi sinsi.
Niçin o anda hepsi,
Bir kuş gibi hafifler,
Arkandan geleyim der?
Niçin o güne kadar,
Dilsiz duran ne kadar
Eşya varsa dirilir,
Yolumuza serpilir?

Ufak böcekler gibi,
Gezer onların kalbi,
Üstünde döşemenin.
Bir gizli didişmenin
Saati çalar o an;
Birden bakar ki, insan,
Herşey karmakarışık.
Ayırmak olmaz artık
Bir kalbi bir taraktan;
Ve kalb ağlayaraktan,
Çekilir geri geri,
Terkeder bu mahşeri.
Bu mahşerin içinden
O gün ben de geçtim, ben;
Nem varsa, evim, anam,
Çocukluğum, hatıram
Ve ne sevdalar serde,
Bıraktım gerilerde,
Kaçar gibi yangından.
Rüzgârların ardından,
Baktım da süzgün süzgün,
Kurşun yükünü gönlün,
Tüy gibi hafiflettim,
Denize hicret ettim...

(1931)

GECEYE ŞİİR

1

Kalbim bir çiçektir, gündüzler ölgün;
Gelin, gelin, onu açın geceler!
Beni yâdedermiş gibi, bütün gün
Ötün kulağımda, çın, çın, geceler!

Geceler çekmeyin benimçin hüzün,
Gelin siz, ruhumu tenimden süzün;
Bırakın nâşımı yerde gündüzün,
Gölgemi alın da kaçın geceler!

(1930)

GECEYE ŞİİR

2

İnsanlar içinde en yalnız insan;
Düşün, taş duvara başın gömülü!
Ve kapan sükûta, granitten, taştan,
Mazgallı bir kale gibi örülü.

Gözünü tavandan ayırma ki, sen,
Üşürsün, gölgeni yerde görürsen.
Dikilir karşına, mumu söndürsen,
Ölüler içinde en yalnız ölü...

(1930)

GECEYE ŞİİR

3

Sesimi alıp da kaybetse rüzgâr,
Versem gözlerimi bir sonsuz renge!
İçimde bir mahşer uğultusu var;
Ruhumdur çağıran, tenimi cenge.

Gözlerim bir kuyu, dilim kördüğüm,
Bir görünmez âlem olsa gördüğüm;
Mermer bir kabuğa girip, ördüğüm,
Kapansam içimden gelen âhenge...

(1930)

YOLCULUK

Yolculuk; her zaman düşündüm onu.
İçimde bu azgın dâvet ne demek?
Oraya, nerdeyse güneşin sonu,
Uçmak, kayıp gitmek, kaçıp dönmemek.

Altımdan kaydırdı bir el minderi;
Herkes yatağında, ben ayaktayım.
Bir gece, rüyada gördüğüm yeri,
Gözlerim yumulu, aramaktayım.

Beni çağırmakta yabancı dostlar;
Bu dostlar ne güzel, dilsiz ve adsız.
Eski evde, şimdi bir başka ev var:
Avlusu karanlık, suları tadsız.

Her akşam, aynı yer, aynı saatta,
Güneşten eşyama düşen bir çubuk;
Yangın varmış gibi, yukarı katta,
Arkamdan gel diyor, sessiz ve çabuk!

Başım; artık onu taşımak ne zor!
Başım, günden güne kayıtsız bana.
Dalında bir yaprak gibi dönüyor,
Acı rüzgârların çektiği yana...

(1936)

ANNEME MEKTUP

Ben bu gurbet ile düştüm düşeli,
Her gün biraz daha süzülmekteyim.
Her gece, içine mermer döşeli,
Bir soğuk yatakta büzülmekteyim.

Böylece bir lâhza kaldığım zaman,
Geceyi koynuma aldığım zaman,
Gözlerim kapanıp daldığım zaman,
Yeniden yollara düzülmekteyim.

Son günüm yaklaştı görünesiye,
Kalmadı bir adım yol ileriye:
Yüzünü görmeden ölürsem diye,
Üzülmekteyim ben, üzülmekteyim.

(1924)

GURBET

Dağda dolaşırken yakma kandili,
Fersiz gözlerimi dağlama gurbet!
Ne söylemez, akan suların dili,
Sessizlik içinde çağlama gurbet!

Titrek parmağınla tutup tığını,
Alnıma işleme kırışığını,
Duvarda, emerek mum ışığını,
Bir veremli rengi bağlama gurbet!

Gül büyütenlere mahsus hevesle,
Renk renk dertlerimi gözümde besle!
Yalnız, annem gibi, o ılık sesle,
İçimde dövünüp ağlama gurbet!..

(1923)

YALNIZLIK

Yalnızlık bir fenerse,
Ben de içindeki mum,
Onu, billûr bir kâse
Gibi doldurur nurum.

Dışardan bana neler
Getirir pervaneler!
Pırıltılar, nağmeler,
Renklerle eriyorum.

(1929)

IRAKLARDA

Yolcu benmişim gibi,
Bir gemi demir aldı,
Ey her yerin garibi,
Vatan ırakta kaldı.

Sıra sıra duraklar;
Durak bilmez ıraklar,
Şu uçuşan yapraklar,
Beni rüzgâra saldı.

(1959)

VİSAL

Beni zaman kuşatmış, mekân kelepçelemiş;
Ne sanattır ki, her şey, her şeyi peçelemiş...
Perde perde verâlar, ışık başka, nur başka;
Bir ânlık visal başka, kesiksiz huzur başka.
Renk, koku, ses ve şekil, ötelerden haberci;
Hayat mı bu sürdüğün, kabuğundan, ezberci?
Yoksa göz, görüyorum sanmanın öksesi mi?
Fezada dipsiz sükût, duyulmazın sesi mi?
Rabbim, Rabbim, Yüce Rab, âlemlerin Rabbi, sen!
Sana yönelsin diye icad eden kalbi, sen!
Senden uzaklık ateş, sana yakınlık ateş!
Azap var mı âlemde fikir çilesine eş?
Yaşamak zor, ölmek zor, erişmekse zor mu zor?
Çilesiz suratlara tüküresim geliyor!
Evet, ben, bir kapalı hududu aşıyorum;
Ölen ölüyor, bense ölümü yaşıyorum!
Sonsuzu nasıl bulsun, pösteki sayan deli?
Kendini kaybetmek mi, visalin son bedeli?
Mahrem çizgilerine baktıkça örtünen sır;
Belki de benliğinden kaçabilene hazır.
Hâtıra küpü, devril, sen de ey hayal, gömül!
Sonu gelmez visalin gayrından vazgeç, gönül!
O visal, can sendeyken canını etmek feda;
Elveda toprak, güneş, anne ve yâr elveda!

(1982)

GEÇTİ, GEÇTİ

Geçti, geçti mevsimler...
Süpürüldü takvimler.
Gidenlerden kalan şey;
Duvarlarda resimler,
Mezarlarda isimler...
Geçti, geçti mevsimler...

Hani eski iklimler?
Has ekmekten dilimler.
Hey gidi zamane hey!
Tesellisiz ilimler,
Adaletsiz taksimler...
Hani eski iklimler?

(1983)

O BAHÇELER

Adımın o bahçeler, her gün anıldığı yer;
O bahçeler, yalanın bile yanıldığı yer...

(1939)

HABERCİ

Ne kadar vatan varsa, o vatandan haberci,
Gurbet dediğin senin, Yaradandan haberci...

(1973)

EBEDÎ TAZE

Bir yer var ki, orada sayı üstü endâze;
Ne solmak, ne yıpranmak, her şey ebedî taze...

(1974)

HASRET

Hasretim, her tümseğin, her çatının ardında;
Kelimenin üstünde, cümlelerin altında...

(1973)

BOŞ UFUKLAR

Ne kervan kaldı, ne at, hepsi silinip gitti,
"İyi insanlar iyi atlara binip gitti."

(1978)

NİMET

Dünyada her nimeti bıraksam ne çıkar ki?
Orda o varken, burda bırakılmaz ne var ki?

(1978)

KAVUŞMAK

Ne görsem, ötesinde hasret çektiğim diyar;
Kavuşmak nasıl olmaz, mademki ayrılık var?

(1980)

AYRILIK

Hep ayrılık, isteğe erince istek ölür,
Bir anda ölseler de insanlar tek tek ölür...

(1977)

HİCRET

Baktığımız her ufkun öte yanına hasret;
Bir ömür sürüyoruz; nereye varsak hicret...

(1978)

VATAN

Bu dünya bir benzeyiş, bir vatanı andırış;
Ve göz, görmediğine kendini inandırış!..

(1978)

ZİFAF

Birazcık su ve kepek, şu kuduz nefse kifaf;
Dünyada varsa söyle, sabaha çıkan zifaf!...

(1978)

GEÇER

Hasret bir rüzgâr, kapı kapı aralar geçer;
Gördüğüm her güzel şey, beni yaralar geçer...

(1976)

AYNI NOKTA

Çocukken gün battı mı, bir köşede ağlardım;
Nihayet döne döne aynı noktaya vardım.

(1978)

RAMAZAN

Ramazan mübarek ay, müminlerin balayı;
Hatırla der, suyu bal kaybedilmiş sılayı...

(1983)

MURAD

Hangi dağa tırmansam, muradım ötesinde;
Murad, bugün yerine her günün ertesinde...

(1982)

HAYRET

Ruhum öz dünyasına kaçmak için gayrette;
Yalan dünyaya şimdi inmiş gibi hayrette...

(1982)

GÖLGELER

Gönlüm uçmak dilerken semavî ülkelere;
Ayağım takılıyor yerdeki gölgelere...

(1982)

YALNIZ

Yalnızız, beşikten tut tabuta kadar yalnız;
Ülfet, kara yalnızlık madeninde bir yaldız...

(1982)

KAMIŞ

Ben gurbet rüzgârının üflediği kamışım...
Bir su başında mahzun, yapayalnız kalmışım.

(1983)

UKDE

UKDE

Biriktir; delik kese!
Yetiştir; toprak köse!
Hep kesiklik, eksiklik,
Hadisede hadise.
Nasıl alsın deryayı;
Kafa bir küçük kâse...
Akla yoktur çıkar yol;
Ne hesap ne hendese!

Gel de suda aksi tut!
Gölgeyi tık kafese!
Şu zaman dediğinden
Bir tek anmış son hisse.
Istırap ki, gövdesi,
Boşluğa sığmaz cüsse.
Rahatlık senin deden;
Benim annem vesvese.
Bu ukdenin dilinden,
Kalmadı anlar kimse.
Mezarda sır, mezarda;
O bilir bilse bilse.
Kurtuluş mu muradın,
Yol mu aradın kese?
Ateşe gir, gölgelen!
Kaynar suda gülümse!

(1972)

PERDELER

Perdeler, hep perdeler...
Her yerde, her yerdeler.
Pencerede, kapıda,
Geçitte, kemerdeler...
Perdeler, hep perdeler...

Ya benim sevdiklerim,
Şimdi nerde, nerdeler?
Önü bomboş perdenin;
İçerde, içerdeler!
Perdeler, hep perdeler...

Gönülde asıl perde;
Onu hangi göz deler?
Surat maske altında,
Sis altında beldeler.
Perdeler, hep perdeler...

Perdeye doğru akın;
Atlılar, piyadeler.
Yollar, yönler dolaşık;
Değişik ifadeler.
Perdeler, hep perdeler...

Bir tohumda bin gömlek.
Giyim giyim fideler.
Kalbler dilini yutmuş;
Bangır bangır mideler.
Perdeler, hep perdeler...

Son noktada son perde;
Çevrilmiş seccadeler.
Orada işte, işte,
Ölümden âzadeler!
Perdeler, hep perdeler...

(1972)

YÜZKARASI

Beni şafak vakti bir el dürtükler;
İdam mahkûmu, kalk, bekliyor savcı!
Zindan avlusunda öter düdükler;
Bir güneş doğar ki, zakkumdan acı...

İpten indirilir, yine uslanmam,
Belâ... Belâ bende yakıcı şehvet...
Bir olur, ateşi görmemle yanmam;
Dipsiz uçurumda kaçılmaz davet.

Bak nasıl silinir bu yüzkarası;
Elimde, ölümü öldüren silâh,
Alnımda tozpembe secde yarası,
Lûgat kitabımda tek isim: Allah...

(1972)

KAFİYELER

Ne diye,
Bu, şuna,
Şu, buna,
Kafiye?
Başa taş,
Aşa yaş,
Hey'e ney,
Tuhaf şey!

Kafiye
Mantığı,
O mantık!
Hediye
Sandığı,
Bu sandık!
O mantık,
Bu sandık-
ta sandık,
Ve yandık.
Ne yandık!

Hendese,
Kümese
Tıkılmak.
Hadise
Kırkayak.
Adese,
Oyuncak.
Vesvese,
Gökbayrak.
Ölümse,
Gel dese;
Tak, tak tak!
Mu-hak-kak!

Sorular
Sordular;
Neden çok,
Nasıl yok,
Niçin var?

Sanatsız
Papağan,
Neden çok;
Ve adsız
Kahraman,
Niçin yok?

Çok ve yok,
Yok ve çok,
Aç ve tok,
Tok ve aç;
Tut ve kaç!
Saklambaç.

Neden çok,
Nasıl yok,
Niçin var?

Niçin'i
Boğarken
Piçini,
Yatakta
Bastılar,
Şafakta
Astılar.

Ve derken:
Nasıl yok
Niçin var?

Bir varmış,
Bir yokmuş.
Kararmış
Ve kokmuş
Dünyamız.
Rüyamız
Kapkara.
Manzara:
Gebeler
Döşeksiz.
Ebeler
İsteksiz.
Kubbeler
Desteksiz.
Habbeler
Süreksiz.
Türbeler
Meleksiz.

Tövbeler
Gerçeksiz.
Cübbeler
Yüreksiz.
Cezbeler
Şimşeksiz.
İzbeler
Emeksiz.
Heğbeler
Ekmeksiz.

Kafiye,
Hikâye!
Dâva tek:
Ölmemek!
Peygamber!
Ne haber?
Bir batan
Var: Vatan!
Kandil loş,
Ocak boş;
Ve dağ dağ
Elveda!

Gitme, kal!
Nefes al!
Emir tez,
Bekletmez!
Ve o nur
Bulunur!
İşte iz!
Geliniz!
Toprak post,
Allah dost...

(1941)

KIVRIM KIVRIM

Vehim kadehinde zehirli tütsü...
Kıvrım, kıvrım,
Beyin törpüsü...

Durulan sonsuzluk, yemyeşil gece...
Dalga dalga,
Büyük düşünce...

Tek ölçü, herşeyin her şeyden farkı...
Âhenk âhenk,
Bir yakan şarkı...

(1958)

GEÇEN DAKİKALARIM

Kimbilir nerdesiniz,
Geçen dakikalarım?
Kimbilir nerdesiniz?

Yıldızların, korkarım,
Düştüğü yerdesiniz;
Geçen dakikalarım?

Acaba tütsü yaksam,
Görünür mü yüzünüz?
Acaba tütsü yaksam?

Siz benim yüzümsünüz,
Eğilip suya baksam,
Görünür mü yüzünüz?

Gitti bütün güzeller;
Sararmış biri kaldı,
Gitti bütün güzeller.

Gün geldi, saat çaldı,
Aranızda yerin yer;
Sararmış biri kaldı!..

(1930)

ZAMAN

Nedir zaman, nedir?
Bir su mu, bir kuş mu?
Nedir zaman, nedir?
İniş mi, yokuş mu?

Bir sese benziyor:
Arkanız hep zifir!
Bir sese benziyor:
Önünüz tüm kabir!

Belki de bir hırsız;
İzi, lekesi var.
Belki de bir hırsız;
O yok, gölgesi var.

Annesi azabın,
Sonsuzluk şarkısı.
Annesi azabın,
Cinnetin tıpkısı.

İçimde bir nokta;
Dönüyor aleve.
İçimde bir nokta;
Beynimde bir güve.

Akrep ve yelkovan,
Varlığın nabzında.
Akrep ve yelkovan,
Yokluğun ağzında.

Zamanın çarkları,
Sizi yürütüyor!
Zamanın çarkları,
Beni öğütüyor.

Zaman her yerde ve
Her şeyin içinde.
Zaman her yerde ve
Acemde ve Çinde.

Kime kaçsam ondan;
Ha yakın, ha ırak?
Kime kaçsam ondan;
Ya sema, ya toprak...

(1936)

NAKARAT

Küçükken derdi ki dadım:
Çoğu gitti, azı kaldı.
Büyüdüm, ihtiyarladım.
Çoğu gitti, azı kaldı.

Vur kazmayı dağa Ferhat!
Çoğu gitti, azı kaldı.
Kişne kır at, kişne kır at!
Çoğu gitti, azı kaldı.

Doğar bir gün benim günüm,
Çoğu gitti, azı kaldı.
Kırk gün, kırk gece düğünüm,
Çoğu gitti, azı kaldı.

Ektik, ektik yetişecek,
Çoğu gitti, azı kaldı.
Bütün yollar bitişecek,
Çoğu gitti, azı kaldı.

Bir gün anlaşılır şiir;
Çoğu gitti, azı kaldı.
Ekmek gibi azizleşir,
Çoğu gitti, azı kaldı.

(1940)

ŞÖHRET

Bir baltada indirdin,
Ağacından dalımı,
Bana zehir yedirdin,
Elâleme balımı.

İstemem, ne dil, ne mal,
Bana ne verdinse al!
Sazını kafana çal,
Ver bana kavalımı!..

(1931)

AYNALAR YOLUMU KESTİ

Aynalar, bakmayın yüzüme dik dik;
İşte yakalandık, kelepçelendik!
Çıktınız umulmaz anda karşıma,
Başımın tokmağı indi başıma.
Suratımda her suç bir ayrı imza,
Benmişim kendime en büyük ceza!
Ey dipsiz berraklık, ulvî mahkeme!
Acı, hapsettiğin sefil gölgeme!
Nur topu günlerin kanına girdim.
Kutsî emaneti yedim, bitirdim.
Doğmaz güneşlere bağlandı vâde;
Dişlerinde, köpek nefsin, irade.
Günah, günah, hasad yerinde demet;
Merhamet, suçumdan aşkın merhamet!
Olur mu, dünyaya indirsem kepenk:
Gözyaşı döksem, Nuh Tufanına denk?

Çıkamam, aynalar, aynalar zindan.
Bakamam, aynada, aynada vicdan;
Beni beklemeyin, o bir hevesti;
Gelemem, aynalar yolumu kesti.

(1958)

UYUMAK İSTİYORUM

İki yıldız arası göğe asılı hamak...
Uyku, uyku... Zamansız ve mekânsız, uyumak.
Uyumak istiyorum; başım bir cenk meydanı;
Harfsiz ve kelimesiz düşünmek Yaradanı.
İlgisizlik, her şeyden kesilmiş ilgisizlik;
Bilmeyiş ki, en büyük ilme denk bilgisizlik.
Usandım boş yere hep gitmeler, gelmelerden;
Bırakın uyuyayım, yandım kelimelerden!

Göz kapaklarımda gün, kapkara bir kızıllık;
Kulağımda tarihin çıkrık sesi, bin yıllık.
Bir yurt ki bu, diriler ölü, ölüler diri;
Raflarda toza batmış Peygamberden bildiri.
Her gün yalnız namazdan namaza uyanayım;
Bir dilim kuru ekmek; acı suya banayım!
Ve tekrar uyuyayım ve kalkayım ezanla!
Yaşaya dursun insan, hayat dediği zanla...

(1973)

ÖLÜMSÜZLÜK

Sabah, akşam, öğlende,
Aklım büyük şölende.
Bütünlük, o "bir" dedir.
Sayı sayı bölende.
Bilmez yaşayan ölü;
Asıl haber ölende.
Tek hat, tek yön, burada;
Giden de bir, gelen de.
O'nunla buluşmak var,
Sıra bize gelende.
O'na de ki: Ey Resul
Ölümsüzlük kölende...

(1973)

AYNADAKİ HAYALİME

Akmayan yaşlarla sıcacık yüzün;
Yavrum, bugün seni pek ölgün gördüm.
Gözünde bir küçük noktadır hüzün,
Neş'eni ne bugün, ne de dün gördüm.

Eğri dallar gibi halsiz, yorgunsun,
Birikmiş sulardan daha durgunsun,
Görünmez bıçakla içten vurgunsun,
Seni öz yurdunda bir sürgün gördüm.

Geçti bir cenaze peşinde ömrün;
Bilemem, vardığın neresi, bugün?
Hergün yürüdüğün kadar yürüdün,
Arkasından kendi ölünün; gördüm...

(1926)

MERCEK

Kesildi mi yoksa ardı, arkası,
Nur diyarından kol kol gelenlerin?
Yetmez mi ampulün nura cakası,
Başları dönmez mi gökdelenlerin?

Hiç kalmadı soran: Ne var insanda?
Ben duvarda ezik bir böcek miyim?
Yoksa, pırıl pırıl, tek damla kanda,
Kâinatı süzen bir mercek miyim?

(1978)

SAAT

Bakma saatine ikide birde!
Halin neyse saat onun saati.
Saat tutamaz ki, ölü kabirde;
Zamana eşyada gör itaati!
Bir kıvrım, bir helezon,
Her noktası baş ve son...

Dün hâtıra, yarın hayal, bugün ne?
İki renk arası bir çizgicik pay.
Ne devlet zamanı bütünleyene!
Ebed bestecisi bir çark ve bir yay.
Hesap soran yaratık;
O dimdik, her şey yatık.

Zaman bir işvebaz, kaçak hayalet;
Eskiyenin kement atar boynuna.
Ne pişmanlık tanır, ne af, ne mühlet;
Ancak fatihinin girer koynuna.
Niyeti gizli fettan
Köle biçimli sultan...

(1982)

ZARF

Şafakta, namaz vakti bana uzatılan zarf;
Kelime bu zarftadır, gerisi sadece harf...

(1976)

KALMADI

Bu kasvet dünyasında kalmadı özlediğim,
Namaz vaktinden başka, ânını gözlediğim...

(1976)

GÜNAH

Sanırım, insanların her suçunda ben varım;
Günah uzun bir kervan, tâ ucunda ben varım!

(1976)

HÂL

Pencereme vurmayın, ödüm patlayabilir;
Dokunmayın, vücudum boşluğa kayabilir...

(1976)

YİNE HÂL

Kazanda su kaynasa, sanki ben pişiyorum;
Bir kuş bir kuş öldürse, ben can çekişiyorum...

(1976)

NEFS MUHASEBESİ

Bıçaklarım su oldu, boyuna bilenmekten;
Bitti benlik madenim her ân törpülenmekten.

(1939)

DELİ

Mayın tarlasına düşmüş deliyim, hudutta;
Gözüm, sekizinci renk ve dördüncü buutta...

(1974)

ZOR

Onu, beyni kanayan soylu kafalara sor;
Ölüm zorların zoru, yaşamak ondan da zor...

(1974)

BAŞIM

Zonklayan başım benim, kan pıhtısı, cerahat;
Ona yastıkta değil, secde yerinde rahat...

(1974)

MESAFE

Bu ne hazin mesâfe iki ten arasında;
Bir hâli dinleyenle dinleten arasında...

(1982)

ZITLAR

Zıtlar arası ahenk, af ve günah yarışta;
Bütün zıtlar kavgada, bütün zıtlar barışta...

(1982)

VEHİM

Her şey kesik ve kopuk, zaman tutamaz lehim;
Mazi albümde hayal, istikbâl kalbde vehim...

(1983)

KALMADI

Yıkılan sarayımdan tek bir nakış kalmadı;
Dışa mıhlandı gözler, içe bakış kalmadı.

(1983)

MUKAYESE

Çıbanımız çok derin, işletemez yakılar;
Nerde bizim şarkımız, nerde öbür şarkılar?

(1939)

HAFAKAN

DAYAN KALBİM

Seni dağladılar, değil mi kalbim,
Her yanın, içi su dolu kabarcık.
Bulunmaz bu halden anlar bir ilim;
Akıl yırtık çuval, sökük dağarcık.

Sensin gökten gelen oklara hedef;
Oyası ateşle işlenen gergef.
Çekme üç beş günlük dünyaya esef!
Dayan kalbim, üç beş nefes kadarcık!

(1972)

BİTMEZ

Bilmezdim, iş bütünde;
Bir ömür derdim, bitmez.
Bir yuvarlak üstünde
Git, git, giderdim, bitmez.

Bir deli kafacıktım;
Sonsuzluğa acıktım.
Farzet denize çıktım,
Su biter, derdim bitmez.

(1973)

BELÂ

Ne var, ne var âlemde,
Belâ kadar çekici?
Örse benzer kellemde,
Belâların çekici.

Çiçeklik, bana ateş,
Bana pınar, kerbelâ.
Koynumdan çıkmayan eş,
Suyum, ekmeğim belâ...

(1972)

SAAT KAÇ ?

Bir yürek, bir yürek, kutuda, tık tık...
Korkarım, saat kaç diye bakamam.
Son vapur kalkarken atlayamadık,
Kapılar kapandı, vâdeler tamam.

Ne oldu, ne bitti, anlayamadık;
Zamandaymış meğer zorlanmaz mantık.
O, her yaratığı yiyen yaratık,
Bense, öz beynini dişleyen yamyam.

(1968)

HAYAT

Rüzgârdan açılsa kapım, bir ânda,
Kara haber gelmiş gibi ürkerim.
Sanki gemilerim battı ummanda,
Paramparça oldu gökte ülkerim.

Ne acı, kaybetmek için sahiplik!
Ölümlüyü sevmek, ne korkulu iş!..
Hayat mı, püf desen kopacak iplik,
Çıkmaz sokaklarda varılmaz gidiş.

(1972)

RÜYA

Uzun bir uykudan kalkıp bir sabah,
Baktım ki, yepyeni odamda eşya.
Çocukluk evim bu değildi... Eyvah!
Gördüğüm, değildi bildiğim dünya!

Ellerim bir kanat gibi titrekti,
Tutmasam, gözümden yaş inecekti;
Bir şey, beni dürtüp aynaya çekti,
Ondaydı gecenin esrarı gûya.

Sordum etrafıma, ne oldu, ne var?
Nedir suratımda bu çukur yollar?
Sanki yaşamaya güvenim kadar
Büyük bir şey çaldı benden o rüya...

(1926)

BU YAĞMUR

Bu yağmur, bu yağmur, bu kıldan ince,
Nefesten yumuşak, yağan bu yağmur.
Bu yağmur, bu yağmur, bir gün dinince,
Aynalar yüzümü tanımaz olur.

Bu yağmur, kanımı boğan bir iplik,
Tenimde acısız yatan bir bıçak.
Bu yağmur, yerde taş ve bende kemik,
Dayandıkça çisil çisil yağacak.

Bu yağmur, delilik vehminden üstün,
Karanlık, kovulmaz düşüncelerden.
Cinlerin beynimde yaptığı düğün,
Sulardan, seslerden ve gecelerden...

(1934)

AZAP

Azap, saçlarıma ak,
Yüzüme çizgi serdi,
Ruhumu, çırılçıplak,
Soyup çarmıha gerdi.

Bağrım, çizgi çizgi kan;
Beni seyretti hayran.
Bir kadın oldu o ân,
Kendini bana verdi...

(1928)

40 DERECE

Dizilirler ayakta,
Anne, baba ve kardeş.
Hayal, uzak, uzakta,
Eder fillerle güreş.

Başından kayar yastık,
Nura döner karanlık;
Sırlar çözülür artık,
Kırka çıkınca ateş...

(1931)

SAYIKLAMA

Kedim, ayak ucuma büzülmüş, uyumakta;
İplik iplik sarıyor sükûtu bir yumakta,
Hırıl hırıl,
Hırıl hırıl...

Bir göz gibi süzüyor beni camlardan gece,
Dönüyor etrafımda bir sürü kambur cüce,
Fırıl fırıl,
Fırıl fırıl...

Söndürün lâmbaları, uzaklara gideyim;
Nurdan bir şehir gibi ruhumu seyredeyim,
Pırıl pırıl,
Pırıl pırıl...

Sussun, sussun, uzakta ölümüme ağlayan;
Gencim, ölmem, arzular kanımda bir çağlayan,
Şırıl şırıl,
Şırıl şırıl...

Ne olurdu, bir kadın, elleri avucumda,
Bahsetse yaşamanın tadından başucumda,
Mırıl mırıl,
Mırıl mırıl...

(1927)

SAAT 12

Çın, çın, on iki hece,
Çaldı bir eski saat.
On ikide her gece,
Bana diyor ki, saat:

Dün, bugün, yarın, siz, biz,
Bu yayın içindeyiz;
Onu yüz yıl sayın siz.
Ömür on iki saat...

(1931)

AĞLAYAN ÇOCUKLAR

Kafesli evlerde ağlar çocuklar,
Odalarda akşam olurken henüz.
O zaman gözümün önünde parlar,
Buruşuk buruşuk, ağlayan bir yüz.

Ne vakit karanlık kaplarsa yeri,
Başlar çocukların büyük kederi;
Bakınır, korkuyla dolu gözleri:
Ya artık bir daha olmazsa gündüz?

Gittikçe kesilir derken sedalar,
Gece, bir siyah el gözümü bağlar;
Duyarım, içime sığınmış, ağlar,
Bir ufacık çocuk, bir küçük öksüz...

(1924)

ÖRÜMCEK AĞI

Duvara, bir titiz örümcek gibi,
İnce dertlerimle işledim bir ağ.
Ruhum gün doğunca sönecek gibi,
Şimdiden ediyor hayata veda.

Kalbim, yırtılıyor her nefesinde,
Kulağım, ruhumun kanat sesinde;
Eserim duvarın bir köşesinde;
Çıkamaz göğsümden başka bir seda...

(1922)

KÜLHAN YERİ

Yaklaştım hamamda külhan yerine;
Yaklaştıkça daha sıcak bölmeler...
Saplandı mı akıl bir kez derine,
Her ân dirilmeler, her ân ölmeler...

Necipcik, Necipcik, dem çekiyor kuş;
Yokuşlar iniştir, inişler yokuş;
Bir yokluk, bir varlık; ne değiş-tokuş!
Bir şu yan, bir bu yan, gidip gelmeler...

(1982)

HÂLİM

Bilmem hangi âlemden bu toprağa düşeli;
Yataklara serildim, cam kırığı döşeli...
Kafam bir cenk meydanı, kokusu kan ve barut,
Elindeyse düşünme, gücün yeterse unut!
Takılıyor yerdeki gölgelere ayağım;
Sanki arz delinecek ve ben yutulacağım.
Bana yanmak düşüyor, yangın görsem resimde;
Yaşıyorum zamanın koptuğu bir kesimde.
Alırken dilenciyim, verirken de borçluyum;
Kalmadı eşya ile aramda hiçbir uyum.
Taş taş üstüne koysam, bozuk diyorlar, devir!
Bir ok çeksem, diyorlar; peşinden koş ve çevir!
Nefes alırken bile inkisar ve pişmanlık;
Kimse edemez bana, benim kadar düşmanlık.

İşte şüpheci aklı çatlatan korkunç nokta:
O ki sonsuz var, nasıl aranır dipsiz yok'ta?
Olur ve olmaz her şey, yokluk da O'nun kulu;
Bu noktaya vardın mı, el tutuk, dil burkulu.
Allahı hakikate soran kafa ne sakat?
Hakikat de ne; Hakkın muradıdır hakikat.
Balonunu kaçırmış, çocuk gibi ağla dur!
Rabbim böyle emretmiş, ya dize gel, ya kudur!
Hayat bir zar içinde, hayatı örten bir zar;
Bana da hayat yeri "Bağlum" köyünde mezar...

(1982)

"Bağlum" Ankara'da Üstadın Şeyhi büyük Velîyi toprağında barındıran mes'ut köy...

ZEHİR*

Çocukken haftalar bana asırdı;
Derken saat oldu, derken saniye...
İlk düşünce, beni yokluk ısırdı:
Sonum yokluk olsa bu varlık niye?

Yokluk, sen de yoksun, bir var bir yoksun!
İnsanoğlu kendi varından yoksun...
Gelsin beni yokluk akrebi soksun!
Bir zehir ki, hayat özü fâniye...

(Mayıs 1983)

* *Son şiiri...*

GİZLİ

Azdırma, rahat bırak, içimdeki deliyi;
Bana sorma, benim de bilmediğim gizliyi!..

(1939)

UYKUSUZ BAŞ

Soğu ey terli kemik, soğu ey yanık tuğla!
Fabrikam, mühendisin kaçtı, ya dur, ya patla!

(1939)

KAFA

Kan pıhtısı takkeli, saçları yoluk kafa!...
Sende "dır-tır" bildiğin ne varsa kaldır rafa!

(1976)

NE ARIYORUM ?

Ân oluyor bir garip duyguya varıyorum;
Ben bu sefil dünyada acep ne arıyorum?..

(1939)

LODOS

Lodos rüzgârıdır bu, tımarhane kafesi;
Günahkâr ölülerin, kezzap yüklü nefesi...

(1939)

ZIPKIN

Zıpkın düşüncelerden kalbim iğne yastığı,
Çökecekmiş gibi yer, ayağımın bastığı...

(1982)

MEDET

Beni zaman bölüyor, beni doğruyor adet,
Medet ey birin Bir'i, ey birin Bir'i medet!..

(1982)

KOŞU

Hakikat değişiyor daha bitmeden cümle;
Koşuyorum yetişmek için bütün gücümle...

(1983)

ECEL

Yetişir boğuştuğum gece gündüz ecelle;
Allah Rahim ve Rahman, Allah Azze ve Celle...

(1983)

DEKOR

ANNECİĞİM

Ak saçlı başını alıp eline,
Kara hülyalara dal anneciğim!
O titrek kalbini bahtın yeline,
Bir ince tüy gibi sal anneciğim!

Sanma bir gün geçer bu karanlıklar,
Gecenin ardında yine gece var;
Çocuklar hıçkırır, anneler ağlar,
Yaşlı gözlerinle kal anneciğim!

Gözlerinde aksi bir derin hiçin,
Kanadın yayılmış, çırpınmak için;
Bu kış yolculuk var, diyorsa için,
Beni de beraber al anneciğim!..

(1926)

ANNEME

Anne girdin düşüme!
Yorganın olsun duam,
Mezarında üşüme!

Anlamam, anlatamam;
Düşen düştü peşime,
Artık vâdeler tamam...

(1982)

BAHÇEDEKİ İHTİYAR

Yıllar bir gözyaşı olup da kaymış
Nurlu ihtiyarın yanaklarında.
Yapraktan saçını yerlere yaymış,
Sonbahar ağlıyor ayaklarında.

Süzüyor ufukta bir kızıl yeri,
İçi karanlıkla dolu gözleri;
Alnında akşamın ince kederi,
Sessizliğin sırrı, dudaklarında.

Yanan bir kâğıtta küçük bir satır
Yazı gibi akşam onu karartır;
Artık o, silinen bir hâtıradır,
Bu ıssız bahçenin uzaklarında...

(1930)

ODALARIM

Camekânlı odanın kızıl perdeleri var.
Kızıl; o ateş rengi kapanan gözlere sor!
Perdeler bilezikler üstünde ilerliyor,
Gerisinde güneşler, kıvılcımlar, yangınlar.

Mazgallı taş odanın siyah perdeleri var,
Siyah, otsuz dağların yüreği kadar siyah.
Bir tokmak sedasıdır orda akşamla sabah.
Dövülür mahzenlerde, büyük, tahta havanlar.

Sarmaşıklı odanın yeşil perdeleri var,
Yeşil; doğan göz gibi baharın ortasında,
Öyle hisli bir duman yüzer ki, havasında,
Sanki orda buluşmuş ve ayrılmış âşıklar...

(1930)

TAVAN

Titrek mumlar yanınca, bu bir asırlık ağaç,
Mehtapta orman gibi gizli yollarla doldu.
Dedi: Yastığa dayan, o cam gözlerini aç,
Seyret çizgilerimde, neler geçti, ne oldu!

Mânalarla çizgiler, içiçe, bende hazır;
Her şey, her şey toz duman, zamanın havanında.
Arıyorsan, tarihin, hani kaybettiği sır?
Çok eski bir konağın oymalı tavanında!..

(1930)

MANGAL

Bana tül gibi ince
Bir hülya verir mangal.
Küllerini deşince,
Titrer, ürperir mangal.

Şikâyetsiz âşıklar
Gibi içinden yanar,
Fâni günleri anar,
Sabaha erir mangal...

(1930)

AKŞAM

Güneş çekildi demin,
Doğdu bir renk akşamı.
Bu, bütün günlerimin,
İçime denk akşamı.

Akşamı duya duya,
Sular yattı uykuya;
Kızıllık çöktü suya,
Sandım bir cenk akşamı...

(1922)

ÜÇ ATLI

Karşı yoldan üç atlı,
Bir kuş gibi kanatlı,
Geliyor köye doğru.

Cebkeni kola atmış,
Sağ elini uzatmış,
Üçü de göğe doğru.

Bir bulut olmuş rüzgâr,
Heyecandan başaklar,
Tutmuş nefeslerini.

Sıra dağlar inliyor,
Kalbi diye dinliyor,
Çelik nal seslerini.

Sürün atlılar, sürün!
Beni alıp götürün,
Bu yerde pek yalnızım.

Demeyiniz, bu da kim?
Öyle diyor ki, içim,
Candan aşinanızım...

(1926)

MEVSİM DÖNERKEN

Ufukta pas tuttu birdenbire yaz;
Gün çabucak geçti, akşam tez oldu.
Toz kaldırdı karşı yollardan poyraz,
Kopan yol uçları eklenmez oldu.

Akşam; sanki boşluk içime dolar,
Dağların cilâsı gittikçe solar,
Rüzgârda bir kadın saçını yolar.
Artık bu yollarda beklenmez oldu...

(1922)

NİNNİ

Melekler dolanır bu kuytu yerde,
Ey gün kadar güzel çocuğum, uyu!
Bir gün hasretiyle için titrer de,
Anarsın, bu derin, tatlı uykuyu.

Uyu da gündüzler su gibi dinsin,
Menekşe gözüne kirpikler insin;
Yarın, şafak vakti, içine sinsin,
Güneşle uyanan kuşların huyu.

Uyu yavrum, akşam seni üzüyor,
Artık gözlerini uyku süzüyor;
Uykunun gölünde başın yüzüyor,
Dalgalandırmadan o durgun suyu...

(1925)

YATTIĞIM KAYA

Bu akşam o kadar durgun ki sular
Gömül benim gibi kedere diyor.
İçimde maziden kalma duygular
Ağla geri gelmez günlere diyor.

Ey gönül, gidenden ümidini kes!
Kaçan bir hayale benziyor herkes,
Sanki kulağıma gâibten bir ses;
Buluşmalar kaldı mahşere diyor.

Enginden engine koşarken rüzgâr,
Bende bir yolculuk heyecanı var...
Yattığım kayaya çarpan dalgalar;
Çıkıver bir sonsuz sefere diyor.

(1926)

EVİM

Ahşap ev; camlarından kızıl biberler sarkan!
Arsız gökdelenlerle çevrilmiş önün, arkan!
Kefensiz bir cenaze, çırılçıplak, ortada...
Garanti yok sen gibi fâniye sigortada!
Eskiden ne güzeldin; evdin, köşktün, yalıydın!
Madden kaç para eder, sen bir remz olmalıydın!
Bir köşende annânem, dalgın, Kur'an okurdu;
Ve karşısında annem, sessiz gergef dokurdu.
Semaverde huzuru besteleyen bir şarkı;
Asma saatte tık tık zamanın hazin çarkı...
Çam kokulu tahtalar, gıcır gıcır silinmiş;
Sular cömert, "temizlik imandandır" bilinmiş...
Komşuya hatır soran sıra sıra terlikler.
Ölçülü uzaklıkta, yakın beraberlikler...
Seni yiyip bitiren, kırk katlı ejder oldu;
Komşuluk, mâna ve ruh, ne varsa heder oldu.
Bir yeni nesil geldi, üstüste binenlerden;
Göğe çıkayım derken boşluğa inenlerden...
Seninle sarmaş dolaş, kökten bozuldu denge;
Vuran kimse kalmadı bu dâvayı mihenge...
Şimdi git, mahkemede hesap ver, iki büklüm;
Cezan, susuz, ekmeksiz, olduğun yerde ölüm!..
Evim, evim, vah evim, gönül bucağı evim!
Tadım, rengim, ışığım, anne kucağı evim!

(1982)

AZİZ EŞYA

Sırma renginde pislik, dünyanın süsü püsü.
Bende tek aziz eşya, annemin baş örtüsü...

(1977)

İMZA

Farkı yok, mantarlaşmış bir kayadan, derimin;
Yüzümde çizgi çizgi, imzası kaderimin...

(1973)

TECRİT

NE İLERİ, NE GERİ

Ne ileri, ne geri;
Kimlerin var haberi
Benim sonsuz dünyamdan?
Belki sabahtan beri
Ve belki de akşamdan,
Bakıyorum bir camdan,
Renk renk billûr ehramdan,
Haberim yok, rüyamdan,
Ne geri, ne ileri!

İskemle düşmüş, bırak,
Açma, çalsın çıngırak!
Geçen tirenlere bak;
Rüyada bir kabartma.
Onlar gidiyor ama,
Kalıyor dumanları.
Tirenler götürüyor,
Kendi gölgelerinden
Kaçışan insanları.
Tirenler götürüyor,
Dağdan dağa sürüyor,
Kendi gölgelerinden,
Başsız gövdelerinden
Kaçışan insanları...
Ve rüzgâr üfürüyor,
Geride dumanları.
Ve rüzgâr üfürüyor,
Kaynaşan ummanları.

Vaz geç onlardan vaz geç!
İstediğim bu değil;
Ve o değil, şu değil.
Eğil, ruhuma eğil!
Bin hayâl içinden geç
Ve benim hülyamı seç!

Bak şu ağaçlı yola,
Bize doğru geliyor.
Orda üç kız kol kola,
Bize doğru geliyor.
Kömür tozundan ince,
Su gibi şeffaf gece,
Doldurmuş yüzlerini,
Silmiş pürüzlerini.

Kalmamış, Meryem gibi
Yüzlerinde kırışık;
Ve o Bâkirem gibi,
Yüzleri birer ışık,
Vücutları bir âhenk.
Öyle hafif ki, onlar,
Toprağa basmıyorlar.
Öyle hafif ki, onlar,
Elimizi uzatsak,
Havayı kımıldatsak,
Üçü de titreyecek,
Bir âhenk gibi ürkek,
Havada eriyecek.

Başka ses, ayrı biçim,
Ne de istiyor içim,
Kapının kenarına,
Parmaklık duvarına,
Bir genç aşık otursun.
Tel tel sazını kursun,
Karanlıkla başbaşa,
Gömsün başını taşa.
Ve derin, sıcak, uzun
Şarkısını okusun.

Tirenler gitmeseydi.
Yolda gezen kızları,
Rüzgâr eritmeseydi.
Döşekler yalnızları,
Dürtmese, itmeseydi.
Şarkılar bitmeseydi.

Bir çözülmez bilmece;
Hep sayı, harf ve hece...
Peçe üstünde peçe...
Böyle aynı noktanın
Üstünde saatlerce,
Benliğime eğilsem,
Sabah, akşam ve gece,
Ortasında odanın,
Karanlıkla çevrilsem.
Bir çözülmez bilmece;
Hep sayı, harf ve hece...
İçinden bu kafanın,
Fâni dünyayı silsem.
Dünyalar nice nice;
Yavaşça ölebilsem,
Yeni baştan dirilsem,
Duysam, görsem ve bilsem!
Ne ileri, ne geri,
Ne geri, ne ileri!..

(1934)

YOLLAR VE GÖKLER

Üstüste, altaltalar,
Bende gökler ve yollar.

Gökler, kat kat mavilik.
Yollar, kol kol servilik.

Yollar nereye gider,
Ve ne düşünür gökler?

Göklerin bir sırrı var,
Onu arıyor yollar.

Gökler suda titriyor,
Yollar suda bitiyor.

Göklerin yüzü yerde,
Yollarınki göklerde.

Bu yollarda izimiz,
Bu göklerde gizlimiz.

Yollar, beni vardırın!
Gökler, tutup kaldırın!

(1937)

YENİ

Neymiş o, kimmiş o, eskimeyecek?
Ruhiyle, öziyle daima tâze,
Su ve ekmek gibi her zaman aziz...

Cümle son bulmadan bitiyor gerçek;
Zamanın ardında kalan cenaze.
Hakikat göklerde şimşekten bir iz.

Güzellik hep yeni, yenilik güzel,
Dostunu bulan aşk sonsuz ömürlü,
Sevgili bayatlar ama aşk yeni.

Kalbinde birleşik ebetle ezel,
Ateş çubuklarla alnın mühürlü,
Bizim köyde ara pörsümeyeni!..

(1982)

HANİ YA?

Gözüne mil çekersen
Görünür gerçek dünya.
Aynalarda sen, hep sen;
Dost, sevgili, hep riya!

Kaç, kurtul kelimeden;
Ağlamadan, gülmeden!
Hani ya sen ölmeden,
Ölecektin, hani ya?..

(1982)

MEÇHÛL

Sordular: Adresi ne?.. Çeşmeye karşı, dedim;
"Çanakkale içinde aynalı çarşı" dedim.

(1939)

AKIL

Cüce akıl, bilmece salıncağında çocuk:
"Bir ufacık fıçıcık, içi dolu turşucuk"...

(1939)

VAR-YOK

"Var"ın altında yokluk, yokun altında varlık;
Başını kaldır da bak, boşluk bile mezarlık...

(1982)

İMAN

Yum gözünü, kalbine her ân yokluğu üfür!
"Kendinden geçmek iman, kendinde olmak küfür."

(1974)

HAKİKAT

Allaha hakikatten yola çıkmak, meşakkat;
Allahtan yola çıkıp varılan şey, hakikat...

(1974)

GÂYE

Perdenin ardı perde, perdenin ardı perde,
Her siper aşıldıkça, gaye öbür siperde...

(1974)

ATEŞ

İçimde bir fırın var, ateşi yakan ateş,
O ne alev deryası, çiçek bahçesine eş.

(1974)

CEHENNEM

Ateş beni yıkayan, yuyan, emziren annem!
Bir arınma kurnası olsa gerek, cehennem...

(1983)

LÂTİF

Eşya lâtifleştikçe göze görünmez olur;
Solucan kanat taksa yerde sürünmez olur.

(1983)

MANTIK

Dağı tanıyan, nasıl tanımaz uçurumu?
Mademki yükseliş var, iniş olmaz olur mu?

(1972)

(1976)

ZAMAN

Zaman, sudan çıkarıp suya daldıran dolap;
Bir varlık ve bir yokluk; her tasta bir inkılâp...

(1976)

KESİKSİZ ÂN

Zamanın olmadığı diyar acaba nasıl?
Kesiksiz bir ân mıdır, bundan sonraki fasıl?

(1975)

HİÇ

Âlemin küfre göre, hem başı, hem sonu "hiç"...
"İki hiç" arasında varlık olur mu ki hiç?..

(1975)

KADER

Kader, beyaz kâğıda sütle yazılmış yazı;
Elindeyse beyazdan, gel de sıyır beyazı!..

(1976)

OLUR-OLMAZ

Olmaz bil de "olur"u, olur bil de "olmaz"ı;
Buluver, günü geçmez, pörsümez ve solmazı...

(1976)

VARLIK

Tek neşe bu dünyada, var olmanın sevinci;
Ve tek ilim, varlığın bilinmeden bilinci...

(1977)

İN-ÇIK

Çıktım, çıktım, inilmez dağlar elimden tuttu;
İndim, indim, çıkılmaz çukurlar beni yuttu.

(1978)

AYRI AYRI

Ne kadar göz bebeği varsa, üst üste gelse,
Yine ayrı manzara, ayrı görüş herkese.

(1977)

O KİTAP

Hasta olsam, ilâcım, çorbam, sütüm, o kitap...
Suda mantarım; gökte, paraşütüm o kitap...

(1975)

HAYRET

Kuyruğu etrafında dönen kedi hayrette;
Âlim ki, hayreti yok, ne boş yere gayrette!

(1978)

KELİME

İman, ihlâs, vecd ve aşk, bunlar birer kelime...
Kelimeyi boğardım verselerdi elime...

(1983)

EKSİK

Göz attığım her şeyde, işte o şeydir eksik;
Mekân kopuk kopuktur, zaman da kesik kesik...

(1978)

BİR

Varlık yalnız Bir'dedir, toplam bölüm hep birde...
Devam eden yalnız bir, sayıda, dört tekbirde...

(1983)

SAYILAR

Sayılar yalnız Bir'in kendi dalgalanışı,
Sayılar kemmiyetin keyfiyeti anışı...

(1983)

HİÇ Mİ HİÇ

Sayılarda çoğalmak, niçin, ne olmak için?
Bir tek hiçtir çarpısı, kırk milyona bir hiçin...

(1976)

BİR

"Bir"i deşerken her ân beynini yiyen adam
Sayılar köpürdükçe "Allah bir!" diyen adam...

(1975)

BU DÜNYA

Bu dünya bir tamam'dan eksiklikler âlemi;
Kopuşlar, ayrılıklar, kesiklikler âlemi...

(1982)

HÂTIRA

Renk renk hâtıralarım, oda oda silindi;
Anne kokan bir Türkçem vardı, o da silindi.

(1983)

İHTİZAZ

Renkte, seste, ışıkta her şeyde bir ihtizaz;
Her şeyde bir titreşim, zikir, fikir ve niyaz...

(1983)

YENİ

Tohum çatlar da bilmem, kafa nasıl çatlamaz?
Yeni odur ki, solmaz, pörsümez, bayatlamaz.

(1983)

AŞK

Allah, Resûl aşkıyle yandım, bittim, kül oldum!
Öyle zayıfladım ki, sonunda herkül oldum.

(1983)

OYUNCAK

Kırıldı oyuncağım, artık bir daha gülmem;
Toz olur, toprak olur, duman olurum ölmem!

(1983)

KAHRAMANLAR

O'NA

Benim efendim!
Ben sana bendim!
Bir üfledin de
Yıkıldı bend'im.
Ben ki, denizdim,
Dağbaşı bendim.
Şimdi sen oldun,
Âleme pendim.
Benim efendim!

Benim efendim,
Feza levendim!
Ölmemek neymiş;
Senden öğrendim.
Kayboldum sende,
Sende tükendim!
Sordum aynaya:
Hani ya kendim?
Benim efendim!

Benim efendim!
Emri yüklendim!
Dağlandım kalbden
Ve mühürlendim.
Askerin oldum,
Başta tülbendim;
Okum sadakta,
Elde kemendim.
Benim efendim.

(1978)

BİZİM YUNUS

Bir zaman dünyaya bir adam gelmiş;
Okunu kör nefsin, kılıçla çelmiş...
Bizim Yunus,
Bizim Yunus...

Bir zaman dünyaya bir adam gelmiş;
Ölüm dedikleri perdeyi delmiş...
Bizim Yunus,
Bizim Yunus...

Bir zaman dünyaya bir adam gelmiş;
Eli kaatile de kalkamaz elmiş...
Bizim Yunus,
Bizim Yunus...

Bir zaman dünyaya bir adam gelmiş;
Zaman, onun kemend attığı selmiş...
Bizim Yunus,
Bizim Yunus...

Bir zaman dünyaya bir adam gelmiş;
Toprakta devrilmiş, göğe çömelmiş...
Bizim Yunus,
Bizim Yunus...

Bir zaman dünyaya bir adam gelmiş;
Sayıları silmiş, BİR'e yönelmiş...
Bizim Yunus,
Bizim Yunus...

(1972)

YUNUS EMRE

Kaç mevsim bekleyim daha kapında,
Ayağımda zincir, boynumda kement?
Beni de, piştiğin belâ kabında,
O kadar kaynat ki, buhara benzet!

Bekletme Yunus'um, bozuldu bağlar,
Düşüyor yapraklar, geçiyor çağlar;
Veriyor, ayrılık dolu semalar,
İçime bayıltan, acı bir lezzet.

Rüzgâra bir koku ver ki, hırkandan;
Geleyim, izine doğru arkandan;
Bırakmam, tutmuşum artık yakandan,
Medet ey dervişim, Yunus'um medet!..

(1926)

O ZEYBEK

Zeybeğimi, birkaç kızan, vurdular;
Çukurda üstüne taş doldurdular.
Bir de, ya kalkarsa diye kurdular...

Zeybeğim, zeybeğim, ne oldu sana?
Allah deyip, şöyle bir doğrulsana!

Zeybeğim, kalkamaz, dirilemez mi?
Odası mühürlü, girilemez mi?
Şu ters akan sular çevrilemez mi?

Ne günedek böyle gider bu devran?
Zeybeğim, bir sel ol, bir çığ ol, davran!

Kır at zincirlenmiş, ufuk sahipsiz...
Han kayıp, hancı yok, konuk sahipsiz...
Baş köşede sırma koltuk sahipsiz...

Kızanlar, dört yandan, hep abandınız!
Zeybeğin kanına ekmek bandınız!

Bilemem, susarak ölmek mi hüner?
Lisan çıldırıyor, dil nasıl döner?
Ondan son iz, uzak, uzak bir fener...

Öldü mü? Çatlarım yine inanmam!
Gizliye yanarım, ölüye yanmam!

Zeybek kaybolduysa bunca kayıp ne?
Tesbihi dökülmüş, aranır nine;
Balonu yok, ağlar çocuk haline...

Zeybeğim; dünyayı aldın götürdün!
Bir öldün de beni binbir öldürdün!

Beyni tırmık tırmık, pençelere sor!
Mevsim niçin ölgün, bahçelere sor!
Sor; çukuru nerde, serçelere sor!

Ağla, bir dinmeyen hasretle ağla;
Zeybeksiz yolları gözetle, ağla!

(1964)

KÖROĞLU

Sırmalı cepkeni attı koluna,
Tek elle dizgini gerdi Köroğlu.
Tozlarla atılıp dağın yoluna,
Yeşil muradına erdi Köroğlu.

Dağlar, omuz omza yaslanan dağlar,
Sular kararınca paslanan dağlar,
Azatlık ufkunda rastlanan dağlar;
Bu dağlara gönül verdi Köroğlu.

Dağların ardında kalınca çile,
Köroğlu yeniden gelmişti dile;
Ak saçlı anadan geçilse bile,
Dağlardan geçilmez derdi Köroğlu...

(1923)

MANSUR

Mercan mercan, uçuk dudağında kan,
İnci inci, soluk şakağında ter.
Ne baş yedi, ne kan içti bu meydan!
Bu meydan âşıktan canını ister.

Tatlıydı akrebin sana kıskacı,
Acıya acıda buldun ilâcı;
Diyordun, geldikçe üstüste acı:
Bir azap isterim bundan da beter.

Sana taş attılar, sen gülümsedin,
Dervişin bir çiçek attı, inledin,
Bağrımı delmeye taş yetmez dedin,
Halden anlayanın bir gülü yeter!..

(1930)

O ERLER Kİ

O erler ki, gönül fezasındalar,
Toprakta sürünme ezâsındalar.

Yıldızları tesbih tesbih çeker de,
Namazda arka saf hizasındalar.

İçine nefs sızan ibadetlerin,
Birbiri ardınca kazasındalar.

Günü her dem dolup her dem başlayan,
Ezel senedinin imzasındalar.

Bir ân yabancıya kaysa gözleri,
Bir ömür gözyaşı cezasındalar.

Her rengi silici aşk ötesi renk;
O rengin kavuran beyzâsındalar.

Ne cennet tasası ve ne cehennem;
Sadece Allahın rızasındalar.

(1983)

ONLAR

İnsandan murad onlar, ölümü öldürenler;
Ötenin ötesinde, sonsuz hayat sürenler...

(1975)

VE ONLAR

Sebil sebil sunanlar, ölümsüzlük tasını;
Çizenler, nokta nokta ebed haritasını...

(1975)

SEYYİD TÂHÂ'YI ZİYARET

Şemdinli dağlarının içtim nur çeşmesinden;
Kurtuldum akreplerin ruhumu deşmesinden...

(1976)

KAHRAMANLIK

Ne varsa çöplüğe at, belli başlı zamanlık;
Ölümü öldürmekte, olanca kahramanlık.

(1976)

ŞAH-I NAKŞIBEND

Yüce Şah-ı Nakşıbend, Nakkaş ve Nakış onda;
Bütün içi dışıyle ölüme bakış onda.

(1975)

DÂVA VE CEMİYET

BÜYÜK DOĞU MARŞI

Allahın seçtiği kurtulmuş millet!
Güneşten başını göklere yükselt!
Avlanır, kim sana atarsa kement,
Ezel kuşatılmaz, çevrilmez ebet.

Allahın seçtiği kurtulmuş millet!
Güneşten başını göklere yükselt!

Yürü altın nesli, o tunç Oğuz'un!
Adet küçük, zaman çabuk, yol uzun.
Nur yolu izinden git, KILAVUZ'un!
Fethine çık, doğru, güzel, sonsuzun!

Yürü altın nesli, o tunç Oğuz'un!
Adet küçük, zaman çabuk, yol uzun.

Aynası ufkumun, ateşten bayrak!
Babamın külleri, sen, kara toprak!
Şahit ol, ey kılıç, kalem ve orak!
Doğsun BÜYÜK DOĞU, benden doğarak!

Aynası ufkumun, ateşten bayrak!
Babamın külleri, sen, kara toprak!..

(1938)

O'NUN ÜMMETİNDEN OL!

Beri gel, serseri yol!
O'nun Ümmetinden ol!
Sel sel kümelerle dol!
O'nun Ümmetinden ol!

Sen, hiçliğe bakan yön!
Hep sıfır, arka ve ön!
Dosdoğru Kâbe'ye dön!
O'nun Ümmetinden ol!

Gel dünya, mundar kafes!
Gel, gırtlakta son nefes!
Gel, Arşı arayan ses!
O'nun Ümmetinden ol!

Solmaz, solmaz; bu bir renk...
Ölmez, ölmez; bir âhenk...
İnsanlık; hevenk hevenk,
O'nun Ümmetinden ol!

Gökte çakıyor haber,
Geber çelik put geber!
Doğrul yeni seferber,
O'nun Ümmetinden ol!

(1949)

SAKARYA TÜRKÜSÜ

İnsan bu, su misali, kıvrım kıvrım akar ya;
Bir yanda akan benim, öbür yanda Sakarya.
Su iner yokuşlardan, hep basamak basamak;
Benimse alın yazım, yokuşlarda susamak.
Her şey akar, su, tarih, yıldız, insan ve fikir;
Oluklar çift; birinden nur akar, birinden kir.
Akışta demetlenmiş, büyük, küçük, kâinat;
Şu çıkan buluta bak, bu inen suya inat!
Fakat Sakarya başka, yokuş mu çıkıyor ne,
Kurşundan bir yük binmiş, köpükten gövdesine;
Çatlıyor, yırtınıyor yokuşu sökmek için.
Hey Sakarya, kim demiş suya vurulmaz perçin?

Rabbim isterse, sular büklüm büklüm burulur,
Sırtına Sakaryanın, Türk tarihi vurulur.
Eyvah, eyvah, Sakaryam, sana mı düştü bu yük?
Bu dâva hor, bu dâva öksüz, bu dâva büyük!..

Ne ağır imtihandır, başındaki, Sakarya!
Binbir başlı kartalı nasıl taşır kanarya?

İnsandır sanıyordum mukaddes yüke hamal.
Hamallık ki, sonunda, ne rütbe var, ne de mal,
Yalnız acı bir lokma, zehirle pişmiş aştan;
Ve ayrılık, anneden, vatandan, arkadaştan.
Şimdi dövün Sakarya, dövünmek vakti bu ân;
Kehkeşanlara kaçmış eski güneşleri an!
Hani Yunus Emre ki, kıyında geziyordu;
Hani ardına çil çil kubbeler serpen ordu?
Nerede kardeşlerin, cömert Nil, yeşil Tuna;
Giden şanlı akıncı, ne gün döner yurduna?
Mermerlerin nabzında hâlâ çarpar mı tekbir?
Bulur mu deli rüzgâr o sedayı: Allah bir!
Bütün bunlar sendedir, bu girift bilmeceler;
Sakarya, kandillere katran döktü geceler.

Vicdan azabına eş, kayna kayna Sakarya,
Öz yurdunda garipsin, öz vatanında parya!

İnsan üç beş damla kan, ırmak üç beş damla su;
Bir hayata çattık ki, hayata kurmuş pusu.
Geldi ölümlü yalan, gitti ölümsüz gerçek;
Siz, hayat süren leşler, sizi kim diriltecek?
Kafdağını assalar, belki çeker de bir kıl!
Bu ifritten sualin, kılını çekmez akıl!

Sakarya, sâf çocuğu, mâsum Anadolunun,
Divanesi ikimiz kaldık Allah yolunun!
Sen ve ben, gözyaşiyle ıslanmış hamurdanız;
Rengimize baksınlar, kandan ve çamurdanız!
Akrebin kıskacında yoğurmuş bizi kader;
Aldırma, böyle gelmiş, bu dünya böyle gider!
Bana kefendir yatak, sana tabuttur havuz;
Sen kıvrıl, ben gideyim, Son Peygamber Kılavuz!

Yol onun, varlık onun, gerisi hep angarya;
Yüzüstü çok süründün, ayağa kalk, Sakarya!..

(1949)

MÜJDE

O gün bir kanlı şafak, gökten üflenen ateş;
Birden, dağın sırtında atlılar belirecek.
Atlılar put şehrine gediklerden girecek;
Bir şehir ki, orada insan ayak üstü leş.

Yalnız iman ve fikir; ne sevgili ne kardeş;
Bir akıl gelecek ki, akıllar delirecek.
Ve bir devrim, evvelâ devrimi devirecek.
Her şey birbirine denk, her şey birbirine eş.

Fertle toplum arası kalkacak artık güreş;
Herkes tek tek sırtına toplumu bindirecek.
Gökler iki şakkolmuş haberi bildirecek.
Müjdeler olsun size; doğdu batmayan güneş!

(1969)

MUHASEBE

Ben artık ne şairim, ne fıkra muharriri!
Sadece, beyni zonk zonk sızlayanlardan biri!
Bakmayın tozduğuma meşhur Bâbıâlide!
Bulmuşum rahatımı ben de bir tesellide.
Fikrin ne fahişesi oldum, ne zamparası!
Bir vicdanın, bilemem, kaçtır hava parası?

Evet, kafam çatlıyor, gûya ulvî hastalık;
Bendedir, duymadığı dertlerle kalabalık.
Büyük meydana düştüm, uçtu fildişi kulem;
Milyonlarca ayağın altında kaldı kellem.
Üstün çile, dev gibi gelip çattı birden! Tos!!!
Sen, cüce sanatkârlık, sana büsbütün paydos!
Cemiyet, ah cemiyet, yok edilen ruhiyle;
Ve cemiyet, cemiyet, yok eden güruhiyle...
Çok var ki, bu hınç bende fikirdir, fikirse hınç!
Genç adam, al silâhı; iman tılsımlı kılınç!
İşte bütün meselem, her meselenin başı,
Ben bir genç arıyorum, gençlikle köprübaşı!
Tırnağı, en yırtıcı hayvanın pençesinden,
Daha keskin eliyle, başını ensesinden,
Ayırıp o genç adam, uzansa yatağına;
Yerleştirse başını, iki diz kapağına;
Soruverse: Ben neyim ve bu hal neyin nesi?
Yetiş, yetiş, hey sonsuz varlık muhasebesi!
Dışımda bir dünya var, zıpzıp gibi küçülen,
İçimde homurtular, inanma diye gülen...
İnanmıyorum, bana öğretilen tarihe!
Sebep ne, mezardansa bu hayatı tercihe?
Üç katlı ahşap evin her katı ayrı âlem!
Üst kat: Elinde tesbih, ağlıyor babaannem,
Orta kat: "Mavs" oynayan annem ve âşıkları,
Alt kat: Kızkardeşimin "Tamtam"da çığlıkları.
Bir kurtlu peynir gibi, ortasından kestiğim;
Buyrun ve maktaından seyredin, işte evim!
Bu ne hazin ağaçtır, bütün ufkumu tutmuş!
Kökü iffet, dalları taklit, meyvesi fuhuş...
Rahminde cemiyetin, ben doğum sancısıyım!
Mukaddes emanetin dönmez dâvacısıyım!
Zamanı kokutanlar mürteci diyor bana;
Yükseldik sanıyorlar, alçaldıkça tabana.

Zaman, korkunç daire; ilk ve son nokta nerde?
Bazı geriden gelen, yüzbin devir ilerde!
Yeter senden çektiğim, ey tersi dönmüş ahmak!
Bir saman kâğıdından, bütün iş kopya almak;
Ve sonra kelimeler; kutlu, mutlu, ulusal.
Mavalları bastırdı devrim isimli masal.
Yeni çirkine mahkûm, eskisi güzellerin;
Allah kuluna hâkim, kulları heykellerin!
Buluştururlar bizi, elbet bir gün hesapta;
Lâfını çok dinledik, şimdi iş inkılâpta!
Bekleyin, görecektir, duranlar yürüyeni;
Sabredin, gelecektir, solmaz, pörsümez Yeni!
Karayel, bir kıvılcım; simsiyah oldu ocak!
Gün doğmakta, anneler ne zaman doğuracak?

(1947)

ÇIRPINIR

Dinle, kulağını ver de mezara!
Ölüler evlâttan yana çırpınır.
Nesiller arası korkunç manzara;
Domuz yavrulayan ana çırpınır.

Kalbten kazıdılar iman sırrını;
Her günün bugünden beter yarını.
Acı rüzgârlara vermiş bağrını
Türk Bayrağı yana yana çırpınır.

(1969)

DESTAN

Durun kalabalıklar, bu cadde çıkmaz sokak!

Haykırsam, kollarımı makas gibi açarak:
Durun, durun, bir dünya iniyor tepemizden,
Çatırdılar geliyor karanlık kubbemizden,
Çekiyor tebeşirle yekûn hattını âfet;
Alevler içinde ev, üst katında ziyafet!
Durum diye bir lâf var, buyrunuz size durum;
Bu toprak çirkef oldu, bu gökyüzü bodurum!
Bir şey koptu benden, şey, her şeyi tutan bir şey,
Benim adım Bay Necip, babamınki Fazıl Bey;
Utanırdı burnunu göstermekten sütninem,
Kızımın gösterdiği, kefen bezine mahrem.
Ey tepetaklak ehram, başı üstünde bina;
Evde cinayet, tramvay arabasında zina!
Bir kitap sarayının bin dolusu iskambil;
Barajlar yıkan şarap, sebil üstüne sebil!
Ve ferman, kumardaki dört kıralın buyruğu;
Başkentler haritası, yerde sarhoş kusmuğu!
Geçenler geçti seni, uçtu pabucun dama,
Çatla Sodom-Gomore, patla Bizans ve Roma!

Öttür yem borusunu öttür, öttür, borazan!
Bitpazarında sattık, kalkamaz artık kazan!
Allahın on pulunu bekleye dursun on kul;
Bir kişiye tam dokuz, dokuz kişiye bir pul.
Bu taksimi kurt yapmaz kuzulara şah olsa;
Yaşasın, kefenimin kefili karaborsa!
Kubur faresi hayat, meselesiz, gerçeksiz;
Heykel destek üstünde, benim ruhum desteksiz.
Siyaset kavas, ilim köle, sanat ihtilâç;
Serbest, verem ve sıtma; mahpus, gümrükte ilâç.
Bülbüllere emir var: Lisan öğren vakvaktan;
Bahset tarih, balığın tırmandığı kavaktan!
Bak, arslan hakikate, ispinoz kafesinde;
Tartılan vatana bak, dalkavuk kefesinde!
Mezarda kan terliyor babamın iskeleti;
Ne yaptık, ne yaptılar mukaddes emaneti?
Ah, küçük hokkabazlık, sefil aynalı dolap;
Bir şapka, bir eldiven, bir maymun ve inkılap.

(1947)

GELİR

Pervane dediğin, çerağa gelir;
Sular, kıvrım kıvrım, ırmağa gelir.

Bülbül kovuldu mu dil bahçesinden,
Gak gak, karga; vak vak, kurbağa gelir.

O yön ki, ezelle ebed arası;
Ne sola kıvrılır, ne sağa gelir.

Gam çekme hiç, böyle gitmez bu devran,
Nihayet sonuncu durağa gelir.

Hasretle beklenen gelir mutlaka;
Sultan fikir, şanlı otağa gelir.

Yırtılır güneşin kapkara zarı,
Dünyamız yepyeni bir çağa gelir.

Füzeler kağnıya döner ve nöbet,
Işıktan da hızlı Burağa gelir.

Gökyüzü, yeryüzü, helâlleşirler,
Nur, kaçtığı yerden toprağa gelir.

Birleşir, kupkuru dalla yanık kök,
Yemyeşil bir ışık, yaprağa gelir.

Kal'anın burcunda çakar işaret;
Millet, dalga dalga bayrağa gelir.

(1970)

VE GELİR

Bu yurda her belâ içinden gelir;
"Hep"leri, hep, hiçin hiçinden gelir.
Gelemez bir ithal malıdır akıl,
Kafdağından, Çinden, Maçinden gelir.
Dünküne eş, bugün küfür yobazı;
Bütün derdi festen, lâpçinden gelir.
"Allah vardır!" dersin; sorarlar: Niçin?
Sonra tokat, puta "niçin?"den gelir.
Benim nur mayama pislik atanlar,
Şeytan, senin büyük elçinden gelir!
Biricik selâmet yolu tarihte,
"Sormayın, görmeyin, geçin!"den gelir.
Genç Osman'ı lif lif yolan o güruh,
Kahbe devşirmenin piçinden gelir.
Bir gün bu gidişle çatlarsa yürek,
Dile vurdukları perçinden gelir.

(1964)

FEZA PİLOTU

Yirminci Asrın ablak yüzlü feza pilotu!
Buldun mu Ay yüzünde ölüme çare otu?
Bir odun parçasına at diye binen çocuk!
Başında çelik külâh, sırtında plâstik gocuk.
Uzaklıkları yenmiş fâtih edasındasın!
Dipsizliğin dibini bulmak sevdasındasın!..
Allah'a dil çıkarır gibi küstah bir yarış...
Farkında değilsin ki, Ay dünyaya bir karış.

Fezada milyarlarca ışık yılı, mesâfe;
Seninki, saniyelik zafer, ilmî hurâfe!
Kavanozda, kendini deryada sanan balık;
Ne acı vahşet, mağrur ilimdeki kabalık;
Fezada "Allah diye bir şey yok" iddiası!!!
Gel gör, kaç füzeye denk, bir müminin duası;
Rafa kaldırmak için ruhlarını dürdüler,
Güneş diye kalbteki güneşi söndürdüler.
Bilmediler; kalbtedir, kalbtedir asıl feza;
Kalptedir, ölümsüzlük kefili kutsî imza.
Sayıdan sonsuzluğa sınıf geçirtecek not;
Bizdedir, ve bizdedir Arş'a giden astronot.
Ve mekândan arınmış ve zamandan ilerde,
Fezayı teslim alma sırrı bizimkilerde.

Bizimkiler ışığa gem vurur da binerler;
Yerden göğe çıkmazlar, gökten yere inerler...

(1972)

ŞARKIMIZ

Kırılır da bir gün bütün dişliler,
Döner şanlı şanlı çarkımız bizim.
Gökten bir el yaşlı gözleri siler,
Şenlenir evimiz, barkımız bizim.

Yokuşlar kaybolur, çıkarız düze,
Kavuşuruz sonu gelmez gündüze,
Sapan taşlarının yanında füze,
Başka âlemlerle farkımız bizim.

Kurtulur dil, tarih, ahlâk ve iman;
Görürler, nasılmış, neymiş kahraman!
Yer ve gök su vermem dediği zaman,
Her tarlayı sular arkımız bizim.

Gideriz nur yolu izde gideriz,
Taş bağırda, sular dizde, gideriz,
Bir gün akşam olur, biz de gideriz,
Kalır dudaklarda şarkımız bizim...

(1964)

UTANSIN

Tohum saç, bitmezse toprak utansın!
Hedefe varmayan mızrak utansın!
Hey gidi küheylân, koşmana bak sen!
Çatlarsan, doğuran kısrak utansın!
Eski çınar şimdi Noel ağacı;
Dallarda iğreti yaprak utansın!
Ustada kalırsa bu öksüz yapı,
Onu sürdürmeyen çırak utansın!
Ölümden ilerde varış dediğin,
Geride ne varsa, bırak utansın!
Ey binbir tanede solmayan tek renk,
Bayraklaşmıyorsan bayrak utansın!

(1964)

DAVETİYE

Telli pullu, anlı şanlı bir gelin;
Aynalar, gelin!

Bir güzel ki, en güzeli güzelin;
Gönüller gelin!

Sonsuz gerçek; habercisi ezelin;
Kitaplar, gelin!

Şarkı bizde, Şeytan, yeter gazelin;
Nağmeler, gelin!

Ey karanlık, gelmektedir ecelin;
Işıklar, gelin!

Toplanın hep, derlenin hep, düzelin;
Yığınlar, gelin!

En güzeli, en güzeli, güzelin;
Habercisi, habercisi, ezelin;
Tellerinde şafak söken bir gelin;
Anneler, babalar, çocuklar, gelin!..

(1949)

AÇ KAPIYI

Aç kapıyı, haber var,
Ötenin ötesinden!
Dudaklarda şarkılar,
Kurtuluş bestesinden.

Biz geldik, bilen bilsin!
Gönül gönül girilsin,
İnsanlar devşirilsin,
Sonsuzluk destesinden...

(1949)

BABADAN OĞULA

Eve dönmez bir akşam;
Ve gün yüzlü çocuğu,
Sorar: Nerede babam?

Bakarlar, oldu, bitti;
Gelir, derler çocuğa,
Baban attâya gitti.

Uzar, gider bu attâ;
Ve neler neler olmaz!
Ve kimbilir ve hattâ:

Bir mahşer gerisinde;
Babası döner bir gün,
Oğlunun derisinde...

(1946)

HAYAT, MAYAT

Hayat, mayat diyorlar;
Benim gözüm mayat'ta.
Hayatın eksiği var;
Hayat eksik hayatta.

Takınsam, kanat, manat;
Kuş, muş olsam seğirtsem.
Bomboş vatana inat,
Matan'a doğru gitsem...

(1940)

DUA

Bıçak soksan gölgeme,
Sıcacık kanım damlar.
Gir de bir bak ülkeme:
Başsız başsız adamlar...

Ağlayın, su yükselsin!
Belki kurtulur gemi.
Anne, seccaden gelsin;
Bize dua et, emi!

(1944)

İHTİLÂL

Ortalık mahşer gibi;
Kim buranın sahibi,
Kimlerin düğünü var?

Güneş, batan bir bayrak,
Şu kıpkızıl ufka bak,
Ana baba günü var!..

(1930)

ZİNDANDAN MEHMED'E MEKTUP

Zindan iki hece, Mehmed'im lâfta!
Baba katiliyle baban bir safta!
Bir de, geri adam, boynunda yafta...
    Halimi düşünüp yanma Mehmed'im!
    Kavuşmak mı?.. Belki... Daha ölmedim!

Avlu... Bir uzun yol... Tuğla döşeli,
Kırmızı tuğlalar altı köşeli.
Bu yol da tutuktur hapse düşeli...
    Git ve gel... Yüz adım... Bin yıllık konak.
    Ne ayak dayanır buna, ne tırnak!

Bir âlem ki, gökler boru içinde!
Akıl, olmazların zoru içinde.
Üstüste sorular soru içinde:
    Düşün mü, konuş mu, sus mu, unut mu?
    Buradan insan mı çıkar, tabut mu?

Bir idamlık Ali vardı, asıldı;
Kaydını düştüler, mühür basıldı.
Geçti gitti, birkaç günlük fasıldı.
    Ondan kalan, boynu bükük ve sefil;
    Bahçeye diktiği üç beş karanfil...

Müdür bey dert dinler, bugün "maruzât"!
Çatık kaş... Hükûmet dedikleri zat...
Beni Allah tutmuş, kim eder azat?
Anlamaz; yazısız, pulsuz, dilekçem...
Anlamaz; ruhuma geçti bilekçem!

Saat beş dedi mi, bir yırtıcı zil;
Sayım var, maltada hizaya dizil!
Tek yekûn içinde yazıl ve çizil!
İnsanlar zindanda birer kemmiyet;
Urbalarla kemik, mintanlarla et.

Somurtuş ki bıçak, nâra ki tokat;
Zift dolu gözlerde karanlık kat kat...
Yalnız seccademin yününde şefkat;
Beni kimsecikler okşamaz mâdem;
Öp beni alnımdan, sen öp seccadem!

Çaycı, getir, ilâç kokulu çaydan!
Dakika düşelim, senelik paydan!
Zindanda dakika farksızdır aydan.
Karıştır çayını zaman erisin;
Köpük köpük, duman duman erisin!

Peykeler, duvara mıhlı peykeler;
Duvarda, başlardan, yağlı lekeler,
Gömülmüş duvara, baş baş gölgeler...
Duvar, katil duvar, yolumu biçtin!
Kanla dolu sünger... Beynimi içtin!

Sükût... Kıvrım kıvrım uzaklık uzar;
Tek nokta seçemez dünyadan nazar.
Yerinde mi acep, ölü ve mezar?
Yeryüzü boşaldı, habersiz miyiz?
Güneşe göç var da, kalan biz miyiz?

Ses demir, su demir ve ekmek demir...
İstersen demirde muhali kemir,
Ne gelir ki elden, kader bu, emir...
Garip pencerecik, küçük, daracık;
Dünyaya kapalı, Allaha açık.

Dua, dua, eller karıncalanmış;
Yıldızlar avuçta, gök parçalanmış.
Gözyaşı bir tarla, hep yoncalanmış...
Bir soluk, bir tütsü, bir uçan buğu;
İplik ki, incecik, örer boşluğu.

Ana rahmi zâhir, şu bizim koğuş;
Karanlığında nur, yeniden doğuş...
Sesler duymaktayım: Davran ve boğuş!
Sen bir devsin, yükü ağırdır devin!
Kalk ayağa, dimdik doğrul ve sevin!

Mehmed'im, sevinin, başlar yüksekte!
Ölsek de sevinin, eve dönsek de!
Sanma bu tekerlek kalır tümsekte!
Yarın, elbet bizim, elbet bizimdir!
Gün doğmuş, gün batmış, ebed bizimdir!

(1961)

ÇEK PERDEYİ

Evler döşemekti bendeki tasa,
Yaptım ettim, nöbet mezara geldi.
Yeter bana, üç beş arşın bez olsa;
Beklenmedik mallar pazara geldi.

Penceremde bir gün, günlerden bir gün:
Ses baygın, renk dalgın ve ışık süzgün;
Belirsiz bir semte insanlık sürgün...
Çek perdeyi, güneş nazara geldi!

(1962)

BAŞIBOŞ

Vatanımda sular akar, başıboş;
Herkes, birbirini kakar, başıboş.
Bozkırlardan topal bir tren geçer;
Çocuk, merkep, öküz bakar, başıboş.
Yanmaz da yürekler, güneşe atsan;
Bir kibrit, bir orman yakar, başıboş.
Tarih, kutuplara kaçmış bir fener,
Buz denizlerinde çakar başıboş.
Yirmi dokuz harflik sözde aydınlar,
Yafta yazar, isim takar, başıboş.
Allahım sen acı bu sâf millete!
Akşam yatar, sabah kalkar, başıboş...

(1964)

BAYRAK VE SULTAN

Baktım, renk yağarken akşam üzeri,
Her şey ölü yüzde düzgün ve boya.
Nesi varsa yoksa bu harap dünya,
Bir büyük hayalin sade benzeri...

Her şey bir gölgecik o görünmezden,
Visâl başlayınca ölüyor visâl.
Vatan bir hâtıra, kadın bir misal;
Sen ulaşmaya bak, sonsuza, tezden!

Ey insan, sığdığın çizgiden utan!
Başlangıç noktası, bir de son durak.
Her zerrecik ondan arma ve bayrak;
Bayraklar topluma, bana da sultan...

(1958)

AMAN

Aman efendim, aman!
Galiba Âhir Zaman!
Manzarası yurdumun,
Tufan gününden yaman!
Göz görmez aydınlıkta;
Âsümanedek duman.
Yer dumanmış ne çıkar,
Duman dolu âsüman.
Türk evi delik deşik;
Yıkık dökük hânüman.

Duraksız itiş kakış;
Süresiz karman - çorman.
Anne çocuk doğurur,
Köpek soyundan azman.
Beyinler zıpzıp kadar,
Mideler koskocaman.
Aziz fikir buğdayı,
Katıra mahsus saman.
Boş lâf, hep dalga dalga;
Uçsuz bucaksız umman.
Hayvanlık orkestrası:
Eşek, birinci keman.
Orman keleş, nebat kel;
Nebat adamlar orman.
Midelerde ihracat,
Günde beş milyon batman.
Millî servet matbaa;
Bilmem kaç milyar harman.
Yangın evinde satranç;
Plân, reform ve uzman.
Tam birbuçuk asırdır,
Maymunlardan eleman.
Bizdeki hale nispet
Maymun taklitten pişman.
Hangi yol Türke uygun,
Hangi parti tercüman?
Çıkamaz meydanlara;
Camide mahpus iman!
Silâh küfrün belinde,
Küfrün elinde, ferman.
Cehle sorarsan, ilim;
Zehre sorarsan, derman.
Rahmet, meçhul kelime;
Bilinmez isim, Rahmân.

Kutsal kitaptır fuhuş;
Ahlâk, okunmaz roman.
Tarih, kontra gerçeğe;
Hürriyet hakka düşman.
Millete kasdedenin
İsmi millî kahraman.
Yere batsın bu dünya,
Bu dünyadan hayr uman!
Genç adam, at yorganı!
Sana haram, uyuman!
Aman, efendim aman!
Efendim, aman, aman!

(1964)

SON SIĞINAK

Hayat perdenin arkasında;
Hayatın öte yakasında.

Şu gaflet yükü insana bak;
Kendinden varlık cakasında.

Ve aşksız yobaz... İşi gücü,
Namazla Cennet takasında.

Tam dört asırdır Müslümanlık,
Cansız etiket markasında.

Kur'an kalbi kör ezbercide,
Din, üfürükçü muskasında.

Batı, Batı der, çırpınırlar,
Batı tükürük hokkasında.

Makine dimdik demirden put,
İnsanoğlu ruh lâçkasında.

Hürriyet nerde, söyleyeyim:
Hakka esaret halkasında.

Zamanda herşey kopuk, kesik;
Biçkisi kader makasında.

Ey insan, sana son sığınak,
Son Peygamberin hırkasında!

(1982)

KÂBUS

Zamanın tık - tıkları,
Güder yaratıkları.
Kan sızan pençesinde
Beynimin yırtıkları.
Hayal, dalgıç ki arar,
Denizde batıkları.
Bu ne dünya; ne dünya,
Çerçöpten çattıkları!..
Bak şu maymun soyuna,
Ortaya attıkları!
Aziz ekmek, fikirde,
Teneke artıkları.

Ve evlerde baş köşe,
Batının pırtıkları,
Görünmezi görmeye
Eremez mantıkları.
Ya şu sözde müminler,
Şiltenin kıtıkları?
Yetmez mi bunca zaman
Yan gelip yattıkları?
Bir nesil özlüyorum,
Doğrultsun yatıkları!
Somunları taş olsun,
Zehir de katıkları!
Yorganları devirsin,
Dişlesin yastıkları!
Bir damla gözyaşına,
Sonsuzluk, sattıkları.
Hakka dönünüz Hakka,
Hakkın yarattıkları!

(1978)

O GELSİN

Akan suları çevir,
Sıra dağları devir!
O gelsin!

Gönüllerde bir tasvir...
Güneşi batmaz devir...
O gelsin!

(1958)

FİKİR SANCISI

Lâfımın dostusunuz, çilemin yabancısı,
Yok mudur, sizin köyde, çeken fikir sancısı?

(1980)

KERVAN

Yedi renkli Peygamber kuşağının altında,
Kervanım yola çıktı, öncüsü kır atında...

(1939)

MANZARA

Bütün manzara, ucuz bir dekor muşambası;
Kurtuluş günü, çıkmaz ayın son çarşambası...

(1947)

1000 YIL SONRA TARİH

Bin sene evvel, iğne ucuyle delindi zar;
Resûlden haber geldi, mezarsız öldü Sezar!..

(1947)

SURDA AÇILAN GEDİK

Surda bir gedik açtık; mukaddes mi mukaddes!
Ey kahbe rüzgâr, artık ne yandan esersen es!..

(1947)

DÜŞMANIMA

Ey düşmanım, sen benim ifâdem ve hızımsın;
Gündüz geceye muhtaç, bana da sen lâzımsın!..

(1939)

YOBAZ

Din adına yol kesen dünkü yobazın oğlu!..
Yine sen kesiyorsun, küfür uğrunda yolu!..

(1939)

BESTE

Hâlim, açık denizde düdük çalan bir gemi;
Kim duyar, ötelerden haber veren bestemi...

(1977)

ÖLÜMSÜZ ŞARKI

Garip geldik gideriz, rafa koy evi barkı!
Tek, dudaktan dudağa geçsin ölümsüz şarkı...

(1962)

GİTTİ

Gitti, su yollarını kıvrım kıvrım bilenler,
Bir ot yığını kaldı; kökünden kesilenler...

(1976)

SAHTE KAHRAMAN

Bize kalan aziz borç, asırlık zamanlardan;
Tarihi temizlemek sahte kahramanlardan...

(1973)

ZAMANE

Mevsimler cücelere def çalıyor gerdekte,
Devin yalnızlığını sular bestelemekte.

(1939)

İSLÂM

Her fikir, her inanış, tek mevsimlik vesselâm;
Zaman ve mekân üstü biricik rejim, İslâm...

(1976)

PETEK

Oluş sırrı, o nurdan heykelin eteğinde;
Ve ölümsüzlük balı, şeriat peteğinde!..

(1976)

O KANUN

O kanun ölümsüzlük nizamının hevengi,
O kanun doğru, güzel, iyinin tek mihengi...

(1980)

GÜLE GÜLE

Bu gömlek dikiş tutmaz hep söküle söküle;
Bütüne gel deseler ve gitsek güle güle...

(1978)

ESER

Gecekondu yapısı, bir üfürüklük eser...
Elbet beklenen rüzgâr bir gün Kıbleden eser!..

(1972)

NİZAM

Bir nizam ki eskimez, yıpranmaz, sendelemez,
Mekân onu aşamaz, zaman onu delemez.

(1974)

O NİZAM

Kim var o nizama ki, Hak yolunda kırbaçlık;
Fırın, fikir ekmeği verinceyedek, açlık...

(1977)

SAĞ - SOL

Kalbimi ve aklımı hep sağ elime verdim;
Görevi olmasaydı sol elimi keserdim...

(1977)

ANAYASA

Perde düşse ve herşey olduğu yerde donsa;
Görünse yıldız yıldız, fezada Anayasa...

(1978)

KAFİLE

Her şeyde bir tükeniş, her oluşta bir bitiş;
Gökten ses: Ölümsüzler kafilesine yetiş!

(1978)

TUTUK

Gel beriye, kurtuluş ordusunun tuğu ol!
Hürriyet mi dileğin, Allahın tutuğu ol!

(1976)

HÂTIRA

Nerede o has ekmek, bir kuruşa okkası;
Nerde o ağız tadı, eski reçel hokkası?..

(1974)

DEĞİŞEN-DEĞİŞMEYEN

Sofralarda değişir her şey, ekmek değişmez;
Ne kanun! Değişmez'e hasret çekmek değişmez.

(1978)

NAMAZ

Namaz, sancıma ilaç, yanık yerime merhem;
Onsuz, ebedî hayat benim olsa istemem!

(1978)

DÜZEN

Doğan güneşler her gün aynı da her gün yeni;
Ezelden ebededek, işte İslâm düzeni!..

(1978)

1400

1400'e bir yıl var, yaklaştı zamanımız;
Bu asırda gelir mi dersin kahramanımız?..

(1978)

KEVSER

Yalnızlar!.. O havuzun çevresinde birleşme...
Susuzlar!.. O havuzda suyu kesilmez çeşme!..

(1978)

AHŞAP EV

Tek tek kalktı eşyamız, ahşap ev bomboş kaldı;
Güneş gözünü yumdu, has odamız loş kaldı...

(1978)

RENKLER

Renkler, mavi, kırmızı, yeşil, erguvan ve mor;
Camlarda kaybedilmiş vatanı heceliyor...

(1978)

DEVRİM

Devrim odur ki, kalpten fâniliği devirsin;
Yaşamaktan murad ne, hesabını bildirsin!..

(1982)

KOLAY

Kolay mı kafdağını çevirmek dolay dolay?
Var ol ey ulvî zorluk, yere bat sefil kolay!

(1982)

EMANET OLSUN

Ey genç adam, bu düstur sana emanet olsun:
Ötelerden habersiz nizama lânet olsun!..

(1975)

ERKEN GEL

Ey genç adam, yolumu adım adım bilirsin!
Erken gel, beni evde bulamayabilirsin!

(1975)

POETİKA

«İdeolocya Örgüsü'nün Şiir ve Sanat Bölümü»

1

ŞAİR

● Arı bal yapar, fakat balı izah edemez.

● Ağaçtan düşen elma da arz cazibesi kanunundan habersizdir.

● Şairi, cemat, nebat ve hayvandaki vasıflar gibi, kendi ilim ve iradesi dışındaki içgüdülerle, dış tesirlerin şuursuz âleti farzetmek büyük hatâ...

● Şuur ve zat bilgisi, cematta sıfırdan başlayıp nebat ve hayvanda gittikçe kabaran bir asgariye varır, sonra insanda ilk kâmil vâhidine kavuşur ve mutlak ifadesini Allah'ta bulur. Şair de, bu ilâhi idrak emanetinin, insanda, insanüstü mevhibesini temsil etmeye memur yaratık... Yahut şair, işte buna memur olması icap eden his ve fikir kutbu...

● Bir Fransız şair ve bediiyatçısı, bu memuriyetin sahibini "san'atı üzerinde düşünen şair" diye çerçeveliyor. En kaba cepheden bir görüş de olsa, bu çerçeveleyişte, incelerin incesi bir hikmet çizgisi var... Fransız şair ve bediiyatçısına göre, san'atı üzerinde düşünmeyen şair, kuyruğuna basılınca inleyen hayvancıktan farksız...

● Heyhat ki, ulvî idrâk memuriyetinin mazharı şair, memuriyetini bizzat şuurluştıramayınca, üstün idrâk kıvamına erişemeyince, sadece kör ve sığ duygu plânına mıhlı kalınca, insan postu içinde hayvanda bile bulunmayan bir bönlük, bir yersizlik arzeder. Böyleleri de, ehramın kaidesiyle zirvesi arasındaki mesafe farkına eş, şair kalabalığının yüzde doksan dokuzudur.

● Şair, san'atının olanca "nasıl" ve "niçin"iyle kelâm mevcelerini tasarruf cehdine memur...

● Şair, his cephesinden, daha ilk nefeste vecd çözülüşleriyle yere seriliveren bir afyon tiryakisi; fikir cephesinden de, bu afyonu esrarlı havanlarda hazırlayan ve tek miligramının tek hücre üzerindeki tesirini hesaplayan bir simyacı...

● Şair ne yaptığının yanısıra, niçin ve nasıl yaptığının ilmine muhtaç ve üstün marifetinin sırrına müştak, bir tılsım ustasıdır.

2
ŞİİR

● "Şiir nedir?" suali çok eski ve pek çetin... Bu sual, insanoğluna (Aristo)dan bugüne kadar duman kıvrımlarındaki muadelenin tesbiti kadar zor göründü. Bu yüzden gayet âdi laflar ettiler. (Aristo) dan (Pol Valeri)ye kadar bütün poetik fikirciler, ya sahilsiz bir tecrit denizinde boyuna açıldılar; yahut aşağının bayağısı birtakım kaba tekerlemelere düştüler. Hepsi bu kadar... Ve şiirin ne olduğu, her büyük mefhum gibi meçhûl kaldı.

● İlk poetika fikircisi (Aristo)ya göre, şiir, eşya ve hâdiseleri taklitten ibarettir. Sonunculara göre ise (Valeri vesaire) kaba bir his âleti olmak yerine, girift bir idrâk cihazı... Baştakilere göre şiir, en basit ve umumî temayül içinde zaptedilmek istenirken, sonunculara göre, hususî kalıplar içinde fikrin tahassüs edâsına bürünmesi şeklinde tarif edilmek isteniyor. Bu tariflerin başında ve sonunda, şiiri merkezleştiren haysiyetli bir muhit ile, şiir muhitini kuran ulvî merkezden bir eser yoktur.

● Bizce şiir, mutlak hakikati arama işidir. Eşya ve hâdiselerin, bütün mantık yasaklarına rağmen en mahrem, en mahçup, en nazik ve en hassas nahiyesini tutarak ve nisbetlerini bularak mutlak hakikati arama işi...

● Nebatlaşmaya doğru giden cemat, hayvanlaşmaya doğru giden nebat, insanoğluna giden hayvan, en sonra da kendisini aşmaya doğru giden insanın, hulâsa bütün âlemin; akan su , uçan kuş ve düşünen insanla beraber, bilerek veya bilmeyerek cezbesine sürüklendiği mutlak hakikati aramak yolunda, çocukça, cambazca ve kahramanca bir usul... Sırdaşlık ve lâubalilikte en verimli ve en pervasız, kaba fayda ve kuru akılda da en boynu bükük ve en korkak cehd ve onun usûlü...

Şiir budur...

● Şiir, mutlak hakikati aramakta, fevkalâde sarp ve dolambaçlı, fakat kestirme ve imtiyazlı bir keçi yoludur. Oradan kalabalıklar değil, gözcüler, işaret memurları ve kılavuzlar geçer. Şiir söyleyen, onu gerçek söyleyen, kılavuzdur...

● Şiir, beş hassemizi kaynaştırıcı idrâk mihrakında, maddî ve manevî bütün eşya ve hâdiselerin mâverasına sıçramak isteyen, küstah ve başıboş kıvılcımlar mahrekidir. O, bir noktaya varmanın değil, en varılmaz noktayı sonsuz ve hudutsuz aramanın dâvâsıdır. Maddî ve mânevî, eşya ve hâdiselerin mâverasında karargâh olan mutlak hakikat kapısı önünde, ebedî bir fener alayı...

Şiir budur.

● Mutlak hakikat Allah'tır.

● Ve şiirin, ister O'na inanan ve ister inanmayan elinde, ister bilerek ve ister bilmeyerek, O'nu aramaktan başka vazifesi yoktur.

● Şiir, Allah'ı sır ve güzellik yolundan arama işidir.

3
ŞİİRDE USUL

● Evet; şiir, herşey gibi, bütün madde bükülüşleri ve mânâ kollariyle birlikte, mutlak hakikatin arayıcısıdır. Onun başlıca hususiyet ve mümtaziyeti bu arayıcılıktaki usulünden gelir.

● Şiir dışında mutlak hakikat arayıcılığını apaçık temsil eden müessese eğer ilimse, şiirin usulünü ayırt edebilmek için ikisini yanyana getirmeli ve kıyaslamalı... ilim, hakikati, akıl yolundan akılla çerçevelendirerek, aklın takatini esas tutarak, attığı her adımı ötekine bağlayarak, yolu daima açık ve mahfuz bulundurarak, ulaştığı her merhalenin hesabını vererek ve daima sebebe bağlıyarak arar; ve âlet diye fikri kullanır; şiir ise âlet diye yine fikri kullanır; fakat ona hiçbir ırgatlık işi vermez, meşakkat çektirmez, onu kendi tahlilci yürüyüşüne bırakmaz, zaman ve mekân kayıtlarının üstüne doğru iter, izah ve hesap yollarını açık ve mahfuz bulundurmaksızın ve sebep aramaksızın bir ânda büyük netice ve terkibe fırlatır.

● İlim, mutlak hakikati, polis tavriyle arar. Beldesi, mahallesi, karakolu, nöbet kulübesi, geçtiği sokaklar, çaldığı kapılar, işbölümü, vazifesi, vakti, imkânları, hülâsa bütün zaman ve mekân ölçüleriyle tabak gibi açık ve meydandadır.

● Ya şiir?.. O, mutlak hakikati hırsız gibi arar. Hiçbir şeyi belli değildir; hattâ ismi ve cismi bile... Karanlık gibi, şeffaf camlardan sızacak; dumanların asansörüne binip bacalardan inecek, nefes alınca kapılardan sığmayacak, nefes verince de anahtar deliklerinden süzülüverecektir.

● Biri mesuliyetli bir tahlil, öbürü mesuliyetsiz bir terkip...

● Biri, ağacın yemişine, taş taş duvar örerek ve her taşa üstündekileri taşıtarak yükselir; öbürü iki dizi üzerinde yaylanıp zıplar.

● Biri, ilim, aslî gâyesinden uzaklaşa uzaklaşa, birtakım müşahhas eşya ve hâdiselerin amelî fayda noktalarını avlar ve mücerretten müşahhasa döner; öbürü, şiir gayesine yaklaşa yaklaşa teşhis vesilesi diye kullandığı aynı eşya ve hâdiselerin amelî sevk ve idare kanunlarından uzak yaşar ve müşahhastan mücerrede kıvrılır.

● İlimde tecrit, teşhis için; şiirde teşhis, tecrit içindir. Bu yüzdendir ki, tecritte kalan ilimlere, sanat (felsefe) ismi verilirken, teşhiste kalan şiire de davulculuk zanaatı gözüyle bakılır. Bütün kaba meddahlar, (didaktik) ve (politik) şairler bu soydandır.

● İlmin usulünde tebliğ, şiirin usulünde de telkin vardır.

● Şiirde tebliğ, kaba davulculuk; telkin ise sihirli kemancılık...

● Şiirin usulü, mutlak hakikati aramaya doğru müşahhas tezahür gergefinde tecrit ve terkiplerin en girift ve en muhteşemlerini örgüleştirerek, kâh onları bütün düğümlerinden çözerek ve kâh yepyeni düğümlere bağlayarak, idrâki tek ân içinde eşya ve hâdiselerin mâverasına sıçratabilmektir.

4
ŞİİRDE GÂYE

• Ana gâyesi, mutlak hakikati usûllerin en ince ve en giriftiyle aramak olan şiir... İşte şiir ve gayesi!... Evet, şiirin bu en gizli ve en mücerret gaye etrafında müşahhas ve soydaş gayeleri güzellik, heyecan, âhenk, eda gibi işporta malı ölçülerden evvel ve sonra, remzîlik ve sırrîliktir.

• Hiçbir şiir yoktur ki, vezin ve kafiye gibi şiiri âdi lâf tertiplerinden ayıran birtakım dış ve kolay nisbetlere bürünebilmek ustalığı yüzü suyu hürmetine, yalancı iklimini gerçekleştirebilsin; ve bulmumundan yemişlerini sahici diye sürebilsin...

• Sırtına bal sürüp tavus tüylerinin üstünde yuvarlanan ve sonra tavuslar meclisine girmeye yeltenen meşhur karganın talihine güven yoktur. Böyle talihler, mâlik bulundukları hilkat ve tabiat ifadesinin dış plânda taklitçisi sahte özenişlerle bilhassa şiir sahasında hemen enselenmeye mahkûmdurlar.

• Şiirde, esas bakımından bir iç protoplazma vardır ki, bütün kalıp ve vasıtalardan mücerrettir. Bu da, şiirin en belirli ve en soydaş ikinci gayesi olarak, onun remzî ve sırrî bünyesidir.

• O kelâm tarzı ki, kasaların şifreleri gibi, bir şey bildirmekten ziyade, bir şeyi saklamaya memurdur. "Ne söyledi?" yerine "nasıl söyledi?" kaygısından başka gaye tanımaz. İşte bu kelâm tarzının ismi şiirdir.

• Hiçbir şiirde "ne söyledi?" yok, "nasıl söyledi?" vardır. Şiirdeki bu "nasıl söyledi?" seciyesi, onun "ne söyledi?" cephesini peçeleyen ve mânâsının dış yekûnunu iç delâlete tâbi kılan bir remzdir.

● Her remzde "gizli"den bir işaret ve her gizlilik işaretinde sırdan bir haber vardır.

● En büyük gizli, Allah'tır. Ve şiir üstün mânâsıyla sadece Allah'ı arayan bir âlet olduğu için, ister güneşten bahsetsin, ister kertenkeleden, eşya ve hâdiseleri kuşatıcı nâmütenâhî ince girift nisbetler içinde, Allah'ın hudutsuz sanatındaki sonsuz mimarînin bir kapısından girip bir kapısından çıkmaya memurdur. Böylece şiir, kördüğümlerin en belâlıları arasından süzülerek, daima bulduğu şeyin arkasında kalmaya mahkûm başka bir "bulunacak şey" arar. Şair ise, işte bu soydan "bulunacak şey"lere yol açtığı nisbette sanatkâr; onları çıkmaz sokaklara tıkadığı nisbette de basit bir davulcu olarak kalır.

● "Allah'ın sır hazinesi Arş'ın altındadır ve anahtarı şairlerin diline verilmiştir" buyuran İlâhî Vahyin mukaddes dudakları, her hâdisede olduğu gibi, bütün bir (poetik-şiir hikmeti) dâvâsında da tek cümlenin esrarlı menşuru içinde ve hiçbir fâninin ulaşamayacağı nisbette şiir hakikatini renk ve çizgiye boğmuştur. Bizse hangi istikametten gelsek o tek istikametin eşiğinde ve tüylerimizi diken diken eden bir vecdin baskısı altında kendi öz ve küçük hakikatimizi de, yine ve daima tek hakikat gibi, Allah Resulünün mukaddes dudaklarında görüyor ve bu yeni ve bu en çarpıcı delile, topyekûn Hakikat Sultanının eliyle nail oluyoruz.

● Böyle olunca şiir, sonu bulunmaz, dibine varılmaz, etrafı çerçeveye alınmaz iç delâletlerin, maske altında maske, maske altında maskesi olarak, üstün gayesini, remzî ve sırrî mahiyetinde hülâsa edici ulvî bir idrâk makamı halinde karşımızda âbideleşiyor.

● Şiirin üstün gâyesi, âlimlerin nâmütenâhî kesret ifadesi içinde büyük ve merkezi vahdete doğru, içiçe remz ve sır helezonlarından kayacak, harikulâde çevik ve ince bünyenin heykeltraşlığıdır.

5
ŞİİRİN UNSURLARI

● Şiirde başlıca iki büyük unsur vardır: His, fikir...

● Şiir, düşüncenin duygulaşması, duygunun da düşünceleşmesi şeklinde, bu iki unsurdan herbirinin öbürünü kendi nefsine irca etmek isteyişindeki mesud med ve cezirden doğar.

● His, fikir olmaya, fikir de his olmaya doğru kıvrımlaşmaya başlayıncadır ki, kıvrımlar arasındaki halkaların içinde, sanat, karargâhını kurar.

● Şiirin ana maddesi sayılan ham ve cılk duygu; ve şiire en uzak nesne bilinen sert ve kuru düşünce teker teker yalnız kaldıkça hiçbir şiir, zarfını kendi başına imlâ etmek talihine eremez. Bunlardan ilki, kulağı çekildikçe ağlayan köpek yavrusundan, ikincisi de eşya dersleri kadrosundan birer âdî sestir.

● Şiirin ana unsurunu, altın yüzüğün elmas taşını çepçevre ve diş diş kavraması gibi, en yüksek his kutbu tarafından pençelenmiş en yüksek fikir kutbu diye hülâsâ edebiliriz. Bu nisbetin aksi de doğrudur.

● Şiir, tek kelimeyle üstün idrâktir; ve idrâk yolunda basit ve kuru fikrin koltuk değneklerini elinden alıp onu en karanlık sezişlerin üzerine çeken ve ışık hıziyle uçuran sihirli seccadedir.

● Demek ki, şiir, (klor) ile (sodyum) un bir araya gelince kurduğu ve ayrı ayrı bunlardan hiç birine benzemeyen esrarlı tuz terkibindeki sırra eştir. Her terkipte olduğu gibi, hisle fikir arasında bir "fasl-ı müşterek" ara çizgi hâdisesi...

● Fakat hisle fikir arasında bu katışma ve birbirini birbirinin üzerine çekme dâvâsında en ince nokta, şiirde fikre düşen tagayyür ve istihalenin, hisse düşen tagayyür ve istihaleden bir derece daha fazla oluşu...

● Zira içine tek damla fikir düşen his, aslında baştan başa yeni renk pırıltıları kazanacak bir bünye sahibi olduğu halde, fikir, tahassüs edası haline gelebilmek ve girişeceği müthiş (akrobasi) ile kemiklerini ve kılçıklarını kaybedecek kadar yumuşayabilmek için, en kuvvetli ve nadir duygu muamelelerine muhtaçtır.

● Öyle ki, şiirde kuru ve kaba fikir, mâden suyunda çelik ve pancarda şeker gibi, kendi aslî maddesi ve rengiyle görünmeyecek, tâbi olduğu büyük duygu hamurunun ana rengi içinde inhilâl edecek, yoklara karışacaktır. Yâni fikir histe fâni olacaktır.

● Netice ve teşhis: Şiirde temel unsur, tahassüs edası şekline bürünebilmiş gizli fikirdir.

6
ŞİİRDE KÜTÜK VE NAKIŞ

● Şiir nescini ören iç ve dış unsurlar, onda, iki büyük ve ayrı vücuda yer verir: Kütük ve nakış...

● Kütük şiirin ana maddesi, his ve fikir yekûnundan ibaret muhtevası...

● Nakış da, bütün bu his ve fikir muhtevasının (ambalaj) zerafeti, (estetik) ve (fonetik) havası, giyim ve kuşam oyunu...

● Şiirde kütük ve nakış meselesini, ezelî ve ebedî zarf ve mazruf hikâyesinin en girift ve en esrarlı mevzuu diye alalım.

● (Masif) bir maun kütlesinin üzerine işlenmiş (stil) bir koltuk... Kütük ve nakış dâvâsı, bu koltukta, müşahhas ifadelerin en belirlisine kavuşmuştur. Koltuk maun olduğu için bütün bu nakışlara ve şekil dalgalanışlarına imkân vermiş; bütün bu nakışlar ve şekil dalgalanışları da; nakşını üzerine kazıyabilmek için mauna muhtaç olmuş, onu bulmuştur. Âdî tahta üzerine nakış yapılamaz.

● Kütük ve nakış arasında, (A-B) çizgisinin aynı zamanda (A) dan (B) ye ve (B) den (A) ya doğru cereyanda olması gibi daimî bir nâkilliyet vardır. Başka türlü şiir telinden cereyan geçemez.

● Madde 1: "Hem kütüğü var, hem nakışı..." Madde 2: "Kütüğü var, nakışı yok..." Madde 3: "Nakışı var, kütüğü yok..." Madde 4: "Ne kütüğü var ne nakışı..." Şair, bu 4 sınıftan birine girmeye mahkûmdur. Birinci sınıf, (Omeros) dan (Rembo) ya ve İmreulkays'dan Şeyh Galib'e kadar, ne mektep, ne devir, ne şu, ne bu; bütün fâni ve günübirlik irca ve kıyasların üstünde kanat çırpmış ve mütearifeleşmiş büyük sanatkârlara göredir. İkinci sınıf, şiiri fikre âlet diye kullanan tebliğci mizaçlar... Üçüncü sınıf, pastanın unundan ve has ekmekten habersiz, basit kremacı ve köpükçüler; dördüncü sınıf da, aşağının bayağısı yelteniciler kadrosu... Bu ölçülere, kolayca zihninizde örnek tedarik edebilirsiniz.

● Devlerin kadrosu olan birinci sınıftan sonraki sırmalı ve şatafatlı cüceler arasında, gözbağcılığında en talihli ve tehlikeli sahteciler, üçüncü sınıfın ustalarıdır.Bunlar mevhum satıhlar üzerinde son derece maharetli nakışlar çekerek, kendilerini bürüdükleri sahte esrar bulutları içinde, şiirin bulunmaz elmasını gagalarında gösteren yalancı zümrüdüankalardır. Ve işleri güçleri içi saman tozu dolu pastaların dışını süslemektir.

● Kendi içinde derece derece olan kütük kıymetiyle, yine kendi içinde derece derece olan nakış değeri, üstüste gelip ve âhenklerin en mes'uduna bürünüp kucaklaşıncadır ki, şiirin sâf ve gerçek rengi doğar; ve bu renk altında üç buudiyle şiir dünyası kabartmalaşır, satıh üstü çıkartma kâğıdı oyunundan kurtulur. Dâvâ, işte bu mes'ut âhengi sezebilmekte ve pişirebilmekte...

7
ŞİİRDE ŞEKİL VE KALIP

● Kâinat manzumesinde ruh ve madde arasındaki sıkı ve mahrem münasebet, şiirde de o şiirin iç nefesiyle dış kalıbını karşılıklı olarak birbirinde tecelli etmeye dâvet eder.

● Şiirin iç nefesi mutlaka dış kalıbını arayacak ve onu fâtihçe zaptedecektir. Başka türlü şiir nâmevcuttur.

● Şekil ve kalıp mânânın iskeletidir. Bütün dâvâ, iskeletlerimizi sonsuz san'atiyle ve nâmütenâhi güzel giydiren Allah'ın verdiği hikmet dersine bakıp ondan alınacak paylar ve hadler içinde, mânâ iskeletlerine surat ve vücut geçirebilmekte...

● İnsanların güzel ve çirkinine bakarken iskeletlerini göremeyiz. Görebilseydik hepsinin iskelette birleşmiş olduğunu görürdük. Nitekim (Röntgen) camının gözlüğünde güzel ve çirkin olmasa gerek...

● Öyleyse bir şiire baktığımız zaman da onun iskeletini görmemeliyiz. Görmemeliyiz ki, gözlerine, dudaklarına, belinin inceliğine ve bacaklarına ve bütün bunların bir arada düğüm halindeki toplu endamına hayran olabilelim.

● Yine öyleyse şiirde şekil ve kalıp, görünen, tebrik ve ziyaret kabul eden bir ev sahibi değil, ev sahibinin boyunbağından evin paspasına kadar elini değdirmedik nokta bırakmamış, sonra mutfağa çekilip kapanmış, son derece titiz ve hamarat bir hizmetçidir. Ama, öylesine bir hizmetçidir ki, o giderse efendi kalmaz.

● Şiirde şekil ve kalıp, zatiyle şekil ve kalıp olarak haykırdığı, "ben buradayım" dediği nisbette o şiir kötüdür. O zaman o şiiri, gözlerindeki çukura alçı dökülmüş ve üzerine kömürle kaş, kirpik ve göz oturtmaya çalışılmış bir iskelet kafasına benzetsek yanlış olmaz.

● Şâir, mutlaka bir şekil ve kalıba bağlı olan; fakat onu aştığı, gizlediği, peçelediği ve mânâyı ve edayı onun verâsından devşirebildiği nisbette nadirleşen büyük ustadır.

● Ancak şekil ve kalıbın koltuk değnekleriyle yürüyebilen nazımcı bir tarafa, harikulâde bir (step) temposu içinde elindeki şekil ve kalıp bastonunu havada döndüren şair bir tarafa... Şairde ruh, şekli gizleyemiyorsa o şair midir ki?..

● Nazım tecrübesi içinde, sırtında kambur gibi şekil ve kalıplarını taşıyanlarla, aynı şekil ve kalıpları kaburga kemikleri gibi derisinin altında gezdirenlerden ibaret iki sınıf var... Birini şekil ve kalıp, öbürü de şekil ve kalıbı ezmiştir.

● Gerçekten şekil ve kalıbı halı gibi ayağının altına alıp çiğneyemeden şair olabilmenin imkânı düşünülemez. Fakat bu, şekil ve kalıbı kaldırıp atmak, onu yok etmek değildir. Böyle bir hareketin yeri, çürük iskelet dişleri sırıtan bir şekil ve kalıp esaretinden daha aşağıdır.

● Olukta olgunlaşan damla, kopacak hale gelmeden tam bir şekil ve kalıp doldururken; arı, o harikulâde verimini mumdan altı köşeli duvarlar içinde istif ederken; örümcek zikzaklı şarkısını lif lif örgüleştirirken; yemişin her nevi, lezzetine göre bir renk ve çizgi plânının işaret ederken, şekil ve kalıptaki derin sırrı hissedememek, sadece ahmaklıktır.

● Şekil ve kalıbın ana unsurları, dış âhenk, vezin, kafiye gibi kaba görünüşlü ölçülerde, herhangi bir lâfı günübirlikten sonsuza devşiren ve unutulmaz kılan birer vasıta hikmeti vardır. Ama sadece vasıtayla gâyeye erişilemez. Evvelâ uçmaya değer gövdeyi bulacaksınız ve sonra onu, inceler incesi vasıtalarla kanatlandıracaksınız. Yoksa toprakta soluyan lâgar gövdelerde boş yere çırpınan kanatlar ne kadar gülünçse, o gülünçlüğe düşmemek için kanatlarını yolmuş dazlak gövdelerin uçmaya davranışı da o nisbette acındırıcıdır.

● Aynı seste birleşen kelimelerle (kafiye) aynı hece sayısını veya uzunluk ve kısalığını şekillendiren ifade vâhitlerinin (vezin), büyük meçhul muadelesinden her defa fikir aldığı hissini verici bir mistiği vardır. Elverir ki, bu (mistik) onun zâhirine, kalıbın da kalıbına bağlı kalınarak örselenmesin...

● Üstün san'atkâr, sabit bir şekil ve kalıp bağlılığı içinde, her ân, her şiir, her mısra, her kelimede eski şekil ve kalıbını yenileyebilendir.

● Heyhât ki, en âdî iş şekil ve kalıpta, en ulvisi de yine onda...

● Âdilik korkusiyle şekil ve kalıp firariliğini aczin en âdisi diye kabul ediniz!

8
ŞİİRDE İÇ ŞEKİL

● Şiirde dış şekle bağlı bir de iç şekil mevcut... Serbest şiirin gayesi, dış şekli yıkıp bu iç şekli billûrlaştırmaksa da, mekânsız zaman gibi dış perde gergefini kurmadan iç mânâyı nakışlandırmak muhal...

● Şiirde dış mânâ, büyük muhteva yekûnuna giren zâhirî delâlet unsurlarının heykeli; iç mânâ ise bu heykelin edasından tütücü gizli delâletler... Bunlardan biri tebliğ, öbürü telkin mevzuu...

● İşte şiirde, doğrudan doğruya, dışın dışı, iç, için içi gizli mânâların esîrî kıvrımlarını örgüleştiren edadır ki, iç şekli dokur. Bu dokunun malzemesi, yine doğrudan doğruya dış âhengin ötesindeki iç âhenk, kelimelerin dış mânâsı altındaki iç mânâ, kelime münasebetlerinde lezzetleşen mizaç tavrı ve duygu hali...

● Şiirde her kelime, kendi zatı ve öbür kelimelerle, nisbeti yönünden şairin gözünde, içine renr renk, çizgi çizgi ve yankı yankı cihanlar sığdırılmış birer esrarlı billûr zerresidir. Şair bu kelimeleri göz bebeğine ve kulak zarına dayayarak seçer, dizer, kaynaştırır, bütünleştirir; ve bir simyacı hüneriyle terkibini tamamlarken, iç şekli, kendi içindeki mânâ heykeline eş olarak, kalıba döker...

● Dış kalıba esaret ve mahkûmiyet büyüdükçe iç şeklin hürriyet ve hayatiyeti tıkanırsa da, üstün san'atkâr daima dışla içi muvazene halinde tutmayı bilen ve doz sırrını bozmayandır...

• Aruz kalıbında, koltuk değneğiyle yol alırcasına, içi dışa çeken sun'i ahek, yine büyük ustaların elinde bu sun'iliğin de üstüne sıçrayıcı bir iç ahenkle tesviyelenir ve portrede kurşun kalemle çizilmiş kaba resim kareleri böylece belirsiz hale gelir. Buna, Fuzuli, Baki, Nedim, Şeyh Galip ve daha niceleri şahit...

• Hece kalıbındaysa iç şekil mimarlığı, daha elverişli bir alete maliktir. Onda uzun ve kısa hecelerin harmanı, her ân değişik bir aruz kalıbı imtiyazını, sabit ve mecburi bir kalıba bağlı olmamak imtiyaziyle bir arada yürütebilir. Ânbeân düştüğümüz ruh haletlerinin iç şekliyle dış şekil arasındaki gayet seyyal münasebete ve içi dışa değil, dışı içe bağlayıcı san'at sırrına, Yunus Emre ve birçok halk şairini misal gösterebiliriz.

• Üstün san'atkâr, mutlaka bir dış şekil ve kalıba bağlı kalmak, onu bir işaret tablosu halinde korumak ve tam şekil ve kalıbı mistik bir unsur diye ele almak borcu altında. O şekil ve kalıbı da şekilsizliğe ve kalıpsızlığa yakın bir istiklâl tasarrufiyle icat ve ihya makamındadır.

• İç şekil, en büyük tecrit işi olan şiirin, müşahhas kalıbı üzerine binmiş mücerret ruhudur.

• Son yılların sadece maddesiyle taklit malı şekil ve kalıp düşmanlığını, bir zamanlar Mısır'daki ehramlara taş taşıyan esirlerin ihtilali diye kabul ediniz! Bu (anti-tez) köleleri sultana ne kadar yakınsa, onlar da şaire o kadar. Bunlar, cüce şairlerin şekil ve esareti altında ezilmiş, bedbaht encamlarına bakıp, hürriyeti, şekli aşmak yerine, şekli atmakta bulan idraksiz paryalar...

• Şiir ulvî nizamdır; ve cemiyetler ruhî bunalımlarını yenip nizama kavuştukları zaman şiire de nizam gelir.

9
ŞİİR VE CEMİYET

● Şiir, cemiyetin mu'dil oluşları içinde, onun bütün mazisini ihtiva eden, halini gösteren ve hususiyle istikbalinden haberler getiren harikulâde dolambaçlı bir rüyadır; ve tıpkı bir rüya gibi bütün bir tâbir ve tefsir mevzuudur.

● Evet, şiir hakkında "cemiyetin rüyasını ayrı bir rüya üslûbiyle anlatan bir tâbirnâme" diyebilirsiniz. Bir tâbirnâme ki, o da ayrı bir rüya gibi ayrıca tâbire muhtaç...

● Cemiyet, iç ve gizli hayatiyle uyur; ve rüyasını şair görür ve sayıklamalarını şair zapteder.

● O halde şiir, bir cemiyetin topyekûn his ve fikir hayatını tefahhus ve murakabe eden başlıca rasat merkezidir; ve ışıkları daima tam ve müstakil bir fert menşurundan süzüldüğü halde ferdîlikle hiçbir alâkası yoktur.

● Şiir, bütün şahsî mahremiyetleri ve zatî aidiyetleriyle yüzde yüz fert perdesi üzerinde cemiyetteki tefekkür ve tahassüs hâletinin en nâdir ve mükemmel aksidir.

● Bunun içindir ki şiir, fikrî içtimaî, siyasî, tarihî, hissî, bediî, iktisadî, beledî, bütün dâvâları, dertleri, hasretleri, hamleleri, ihtinakları, ihtirasları ve ıstıraplariyle cemiyet ruhunun, tek fert üzerinde bilvasıta en derin kaynaşma ve girdaplaşma zemini diye gösterilebilir.

● Böylece şairde, ister memuriyetinden haberi olsun, ister olmasın, cemiyetinin gelecek günlere doğru felâket ve saadetlerini besteleyen ve daima gaibi istintak eden üstün bir (medyum) seciyesi beliriyor; ve şair, Allah'ın kendisine bahşettiği nurla, cemiyetinin gerilere ve ilerilere doğru mânâsını temsil edebildiği nisbette mertebeleniyor.

● (Omeros) kendisinden birkaç asır sonraki büyük Atina devrinin ne nisbette ifadecisi olduysa (Şekspir), üstünde güneşin batmadığı bir imparatorluk haşmetine bağlı bir (melânkoli)nin ve (Bodler) 19'uncu asrı takip edecek olan büyük ihtinak ve hafakan devresinin öylece habercileri oldular. (Göte), (Bismark)tan evvel Alman ittihadını gerçekleştirdi ve Sâdi, gerilere doğru bütün bir Fars medeniyetinin İslâm ışığından sonra en olgun yemişini verdi.

● Bütün insan, hayvan, nebat ve cemat kadrosiyle bütün bir cemiyetin bütün iş ve hareket yığını içinde hiçbir hâdise gösterilemez ki, erimiş, rengini ve şeklini değiştirmiş olarak şairin ruhundaki tesirler bulamacına dahil olmasın ve binbir çiçekten süzülmüş bal gibi umumî ve rayihadar bir lezzet ifadesi içinde cemiyetinin hususî nefesini yaşatmasın.

● Şiir, şair, cemiyet ve mâşeri ruh arasındaki münasebet bunlardan her birinin ötekine yan gözle bakmasına rağmen sımsıkı bir haşrü neşr havası kurar.

● Şiir ve şair, cemiyetin en mahrem ve en sadık, en gerçek ve en emin münadileridir.

10
ŞİİR VE HAYAT

● Şair, belki de ilk şairden beri, bir tarafiyle dev adam, bir tarafiyle de hafif ve maskara bir havaî ve ilcaî bilinir.

● Şairin, aslındaki ulvî mânâya rağmen hamuruna bu ekşiliği katan, onun kendi ulviyetini her cephesiyle tahkim edememekte gösterdiği hâl, ve bir kuvvet ve üstünlüğe karşılık umumiyetle başka cephelerde rastladığı nisbetsizliktir ve nihayet besbellidir ki, bu hâl, hilkatin bir sırrı olarak, bir melekeyi üstünleştirirken çok defa öbür melekeleri zayıf bırakan bir umumiyet ifadesi ve ekseriyet düsturudur. Fakat hususiyet ifadelerinin en parlaklarından biri olan şair hüviyetinde şiir ve fikir kıymetleri en büyük kıvamlarda birleşince iş tamamiyle tersine döner.

● Zira şair, şiirde tam ve mükemmel olunca yâni en mahrem fikri şiirden ve en has şiiri fikirden süzmeye başlayınca, cihanda görmediği ve ölçülendirmediği istikâmet kalmaz; o zaman da onun şairliği, insanlığı ve hayat adamlığı, birbiriyle mebsuten mütenasip bir âhenge girer.

● Şair, Çemişkezek'teki yarı deli Durmuş'un (Şarlo) kılığında dolaşması gibi, şiiri, basit bir hissilik ve nebatilik plânında bir taklit işi olarak ele aldığı nispette, hava ve ilca adamı görünmeye mahkûmdur. İlk şairdenberi şair, büyük kalabalık ifadesiyle hep bu türlü; ender ve baş örnekleriyle de öbür türlü olmuştur.

● Bilen ve bilmeyen her ferdimizle hepimiz bu dünyaya, bizzat Allah'ın ferman ettiği gibi, Allah'ı aramaya, bulmaya, onun sırları ve hikmetleri etrafında "körebe" oynamaya ve ona ibadet etmeye geldik. Onun içindir ki, marangoz, yonttuğu tahtada onun, politikacı güttüğü cemiyette onun, şair de yuğurduğu kelimelerde onun sırları ve hikmetleriyle çevrilidir. Şu kadar ki, aynı nâmütenâhi sır ve hikmetin sardığı bir ayakkabı eskicisiyle şair arasındaki fark, şairin bizzat ve şuurlu olarak bu sır ve hikmetin ta merkezine ve doğrudan doğruya İlâhî remze bağlı yaratılmış olmak haysiyetidir.

● Bu bakımdan şair, dâvâ ve memuriyetini tam şuurlaştırmak ve ulviyetinin nisbet ifadesini her sahada tecelli ettirmek mazhariyetine, yâni tam ve üstün şairliğe erince, mesleklerin en saygılısına; bunu yapamayınca da temizlik amelesinden daha aşağı ve üstelik serseri, başıboş ve serirî bir tip ifade eden mesleksizlik mesleğine mensup kalmaya mahkûmdur.

● Nasıl gâyelerin en ilerisi olan İlâhî mârifet ve tasavvufta, İlâhî cezbe istihdamının akıl ve muavazeneden mahrum ettiği perişan meczup tipleri varsa ve nasıl en büyük değer, cezbesini içinde zaptetmiş ve tekrar akıl ve muvazeneye iade edilmiş irşada memur yüksek velîde ise, şair de, bu üstünlerin üstünü dereceye kıyas ve teşbihten uzak olarak irşada memur velînin hikmetine yaklaşabileceği nisbette hayatın her şubesini o şubeye ait başka insanlardan daha kuvvetle kucaklayacak ve cemiyetin güdücülük makamlarına oturtulacak bir ehliyet kazanır.

● Şiir yazan devlet reislerini biliyoruz; fakat devlet reisliği yapan şairler görmedik. Bizim yekpare ve esasların esasına bağlı dünya görüşümüzde şair ve san'atkâr, devlet reisi olması aslâ şart olmayan, fakat icabında en yüksek devlet reisini kendi kadrosu içinden çıkarınca kimsenin hayret ve istiğraba düşmesi gerekmeyen bir hüviyet ve şahsiyettir.

● Bu hüviyet ve şahsiyet içinde şair, evinin, kılığının, sokağının nizamından, insan, cemiyet ve her türlü dünya nizamına kadar bütün merkezleriyle hayatı kucaklayıcı bir kürsü sahibidir.

11
ŞİİR VE DİN

● Dinin olmadığı yerde hiçbir şey yoktur; yokluk bile yok... Şiir ve san'atsa hiç yok...

● Büyük bir Fransız romancısı, romana ait bir incelemesinde, Allah'a inanmayan bir cemiyetin romanı olamayacağını ileriye sürer. Zira böyle bir cemiyette her şey düpedüz, yavan, basit ve kabadır ve orada hiçbir ruh ukdesine yer yoktur. Halbuki sevap ve onun bütün icaplariyle birarada, günah ve onun bütün bu çileleri, insan ruhunu terkip eden başlıca müessirdir; ve Allah'a inanmayan bir insan topluluğunda fert ruhu, yivleri törpülenmiş bir (plâk) gibi sesini kaybetmiş ve birkaç hayvanî ve nebatî insiyaktan başka hiçbir verimi kalmamış, pas, küf, nasır ve kabuktan ibaret bir mevcuttur. Böylece, Allah'a inanmayan bir cemiyette, romancı, bütün saadetleri ve dertleriyle ve namütenahi girift ve karışık topoğrafyasiyle ruh ukdelerini kaybedince, sermayesini ve dayanağını kaybetmiş olur ve orda roman olmaz.

● Dinsiz cemiyetlerde gerçek ve derin romanın yaşayamıyacağına ait bu misal, hakikatte insanın yaşayamıyacağına birkaç basit madde hesabı ve birkaç kaba madde tesisinden başka, ruh köküne dayalı hiçbir şeyin ayakta duramayacağına bağlı bir hikmettir; ve bu arada şiir gibi insan ruhunun en nadir buğusu, tıpkı bir renk, bir ışık, bir rayiha, bir gölge, bir ses gibi en önce uçmuş, gitmiştir.

● Bütün şubeleriyle bütün san'atın ana dayanakları olan mâvera humması, fanilik kaygısı, ıstırap, ihtilâç, vecd, aşk, şüphe, kıskançlık, ihtiras, infiâl, kendi kendisini aşma cehdi ve gaibi istintak hamlesi, ancak, müsbet ve menfî, din kadrosunun malı olan bu kıymetlerin kaynağını elde tutmakla mümkün olur ve bu kaynağın zaafından evvelâ şiir incinir.

• Şair ki, Allah'ın mahrem ülkesi meçhuller âleminin derbeder seyyahıdır, Allahsız bir cemiyette, elektrik cereyanı kesilmiş bir şehrin meydan yerindeki fener gibi sönecek; ve hâdiselerin en gizli nabızlarını saymaktan ibaret memuriyet hikmetini kaybedecektir.

• Allah'ı bulamamacasına aramak, ebediyen aramak olan şiirin gâyesi, ilk dayanak ve çıkış noktası olarak din temeline muhtaçtır.

• Şair, madde değil de mânâ halinde câmi kapılarının önünü dolduran Allah dilencilerinin en güzelidir.

12
ŞİİR VE MÜSBET İLİMLER

• Şiir ve müsbet bilgiler... Mesele bunların bulamacını tutturabilmekte; ve birini öbüründen gocundurmayacak, birini öbürüne muhtaç, birini öbürüyle alâkalı hale getirmekte..

• Şiir, cemiyette, müsbet bilgilerin ruhu, heyecanı, his iklimi haline gelecektir.

• Madde münasebetlerini zahirî ve amelî plânda faydalaştırmak ve kanunlaştırmaktan ibaret olan müsbet ilimler, her yeni keşfiyle insan ruhunda açtığı gediği şiirle kapayamadıkça, insan gitgide bir (robot) haline gelmeye mahkûmdur.

• 19'uncu Asrın ikinci yarısından itibaren başlayan büyük ruh ve fikir buhranı, başını alıp dolu dizgin boşanan müsbet ilim buluşlarının şiir ve fikirle payandalaştırılamayışından doğdu.

● Büyük mütefekkir (Şarlo)nun beyaz perdede (Yeni Zamanlar) kordelâsı, ruhun tahakkümünden kurtulan makineyi ve onun karşısında insanı, bütün gülünecek ve ağlanacak halleriyle müşahede ve tesbit etmiş bulunuyor.

● Otomobillerin 250, tayyarelerin 1000 kilometre hızla aktığı, bir düğmeye basar basmaz, hesap makinelerinin muhasebe hülâsaları çıkardığı, camdan kumaş yapıldığı ve ölü gözünden körlere göz uydurulduğu bir cemiyette bütün bunların yeni hassasiyetini getirecek yeni bir şiir lâzımdır.

● Sırısiyle buharın,motorun, elektriğin ve atom bombasının ve füzenin şairlerini aramaya mecburuz.

● (Bodler), müsbet ilim keşifleri önünde bütün dayanak ve tahakküm hakkını kaybetmiş ve malihulyaya düşmüş bedbin münevverin sesiydi... (Rembo) bu sesi, buhran ve marazilikte daha ileri götürdü. (Valeri) ise aynı sesi, şiire sonsuz bir tecrid mizacı aşılamak yoluyle muvazeneye kavuşturmak istedi. Fakat kimse, müsbet ilimlerin atlı karıncasında sarhoş hale gelen insanın beklediği yeni ümit şarkısını besteleyemedi.

● 20'nci asırda müsbet ilimler ikliminin yepyeni bir iman hassasiyeti cevheri beklediğini ve onun önünde eskisinin pörsüdüğünü sezen bazı istidatlar, tesellisini, orada ve burada, ya makineye kölelik etmek, onun seslerini taklit etmek, makinede fâni olmak, yahut büsbütün karanlık, muvazenesizlik ve temelsizliğe sapmak şeklinde aradılar ve hiçbir çıkar yol bulamadılar.

● Aya gitmeyi; tevhit ruhu ve ilâhi kudret idrâkinin zaferi sayacakları yerde ters çıkış farkiyle küfür ve dalâletin eseri bildiler.

● Memleketimizdeki, şekilsiz, hacimsiz, muhtevasız, meselesiz, deli saçması şiirin bile, tesbitine çalıştığımız dünya buhraniyle arasında hususî bir pay vardır. Günümüzün bu abuk-sabuk şiiri bir intihardır, fakat bunların karşısında eski hava ve eski kalıplar içinde tutunmak isteyenler de asla dirilmez ve ayakta duramaz ölüler... Büyük muvazeneden ne haber?..

• Heyhat ki, henüz idam mahkûmlarının ipini bile dışardan getiren ve pantolonunun kıçındaki söküğü dikmeye yerli bir iğne yapamayan bir cemiyette, şiir, bilerek veya bilmeyerek, kendi kendisine bu çileyi yaşamaya başlar da öbür sahalarda hiçbir hamle ona eş olmazsa, o cemiyet hesabına ümit pek zayıftır.

• Şair benim gözümün önünde, içi pırıl pırıl renk ve ışık dolu bir menşur tutacak; ben de bu menşurun içinde, Amerika'daki apartmanların 151'inci katında sevgilisini özlerken birdenbire tiksinen ve her malik olduğu şeyden o andan itibaren mahrum kalan marazî genç adamla, gözlerinde (monokl)ü, tayyaresini dikine kaldıran fedai subaya kadar, müsbet bilgiler dünyasının bütün iklimini seyredeceğim.

• Şiir ve şiirle beraber sâf fikir, müsbet bilgilerin el attığı her sahada, keşiflerin köpürmesi nisbetinde katmerleşen, giriftleşen büyük ve ebedi meçhûle muhafızlık etmeyi beceremedikçe, insanda ve cemiyette muvazenesizlik her ân biraz daha derinleşecektir.

• "Devr-i daim" makinesini arayan delilere karşılık bizim beklediğimiz şair, müsbet ilimlerin önünde koşarak, san'atta "devr-i daim"i bulmuş bir keşif getirmeye mecburdur. O da yeni bir ruh müeyyidesi... Yani iman...

13
ŞİİR VE DEVLET

● Şiir de öbür san'at şubeleri gibi, mutlaka devlet eliyle müesseseleştirilecektir. Bu mevzuda devlete düşecek vazifeleri plânlaştırmak ve tek tek belirtmek lâzımdır.

● San'atkâr, bu arada ve en başta şair, sadece, ekmek kaygısı çekmeksizin düşünebilmek, duyabilmek ve yazabilmek için devlet bütçesinden para alacak; ve buna karşılık devlete, onun millî kitaplığını zenginleştirmekten başka hiçbir şey vermiyecektir.

● Her şahsı kendi imkânları içinde başıboş bırakan demokrasyalarda, san'atkârı umumiyetle sefâlete mahkûm edici bünyenin, bir taraftan da ıstırap ve zulümle onu kamçıladığı, şahlandırdığı ve binbir tezat içinde besleyip geliştirdiği muhakkaktır. Bu zamana kadar görülmüş örnekleriyle resmî himaye ve teşkilât içinde san'atın tıknefes olduğunu bilmeyen var mıdır? Fakat bu ihtimale karşı, ince ve tedbirli bir devlet himayesinin, san'atkârı cemiyet içinde başıboş bırakan (rejim)lerden bin kere daha faydalı olacağını kaydedebilirsiniz.

● San'atkârı, hem kendi eliyle müesseseleştiren, hem de onu tıknefes olmaktan koruyan tedbirli bir devlet eli, şairden, şiirin binlerce yıllık uyuzu olan methiye ve siyasî mev'ize istemez ve hattâ buna müsaade etmez.

● İmanın, vecdin, aşkın bulunmadığı yerde, kaskatı kabuk ve fâni şahıs meddahlığına geçen şairi, devlet himayesindeki san'at muhitleri bir anda içlerinden tasfiye ettirici şuur ve hassasiyete daima sahip bulunacaklardır. Zira bizim mefkûrevi (rejim) imizde san'atkâr, devletten lûtuf görmez; devlete lûtfettiği için ondan vergi alır. Ve bizim devlet reisimizce, fâni şahsiyle meddahlık mârifetine mevzu olmaktan daha ağır ve giran gelecek hiçbir şey düşünülemez.

- Şair devletten kendisine biçilen parayı alıp almamakta ve onunla dilediği gibi yaşamakta, hiçbir makama karşı mes'ul olmaksızın, hürdür. Onun tek mükellefiyeti her an hayat ve cemiyete karşı imtihan karşısında bulunmak, her an kendi kendisini aşmaya mecburiyet kaydı altında yaşamak ve belli başlı zaman çerçeveleri içinde, taahhüt ettiği eserleri vermektir.

- Sadece sâf ve hâlis san'atı himaye ve tediye etmekle mükellef devletin san'at hayatı üzerinde bütün murakabe hakkı, billûrlaştıracağı san'at kıstaslarının ruhiyle, ayrı ayrı her san'atkârı muhakeme ve o ruhun hükmüne göre o san'atkâra muameleden başka birşey değildir.

- Devlet, bütün san'at mücadelelerinde ve zümreleşmelerinde, kendi ideolocya köklerini incitmedikçe her tarafı serbest ve sözü zamana ve cemiyete bırakmaktan başka hiçbir hak sahibi olamaz.

- Şair ve san'atkâr, mevzuu ve dâvâsı ne olursa olsun, herhangi bir şiir ve san'at hârikasına yükseldiği ânda, tacını devlet eliyle giyecek ve her türlü teşkilât müeyyidesine ve keyfiyet kıstasına malik bir cemiyet içinde ömür sürecektir.

14
TOPLAM

- Şair, göğsünü didikleyici Pelikan kuşuvâri, san'atı üzerinde nefsini törpüleyen, nefsi üzerinde düşünen her ân ard arda san'atının kanunlarını heceleyen san'atının zaman ve mekânını birbirleriyle kaynaştıran ve takoz takoz iklimini kuran mânâ mimarı...

• Şiir, ham ve cılk bir duygu hali değil, üstün mâmul bir idrak işi; ve hiçbir sınırda durmaksızın mutlak hakikati ebediyyen arama faaliyeti...

• Şiirde usûl, mutlak hakikati ilmin ve açık ve hep genişliğine arayıcılığı karşısında, gizli ve hep derinliğine kollayıcılık... Böyle olunca, şiir bildirmez (tebliğ etmez), sindirir (telkin eder.)

• Şiirde gaye, kökte Allah ve mutlak hakikat olarak, dalda sırrîlik ve remzîliktir.

• Şiirde baş unsur, fikirle hissin ara çizgisi üzerinde, duygulaşmış düşüncelerdir.

• Şiirde kıymet, en büyük muhteva kütüğü üzerinde en ince tılsım nakşı... Glüten francalası üzerinde cevhersiz krema yerine, has ekmek üstünde bal...

• Şiirde şekil ve kalıp, iskeleti giydiren Allah'ın sonsuz san'atındaki hikmete bağlı olarak, bedahet çapında bir zaruret... Öyle bir zaruret ki, altında kalıp ezilmemeyi, mutlaka üstüne sıçrayıp onu gütmeyi, onu aşmayı ve kendisini peçelemeyi emreder.

• Şiirde iç şekil, ruh gibi, bütün katı şiir maddelerinin, incele incele, gittikçe lâtiften lâtife geçe geçe en esîrî lâtif haline gelmiş, can özü...

• Şiir, insan yığınlarının rüya şifresi bir tâbirnâme; şair de cemiyet mevcelerine bağlı bir anten, içtimaî bir memur, bir haberci, bir münadi...

• Şair gerçekte, kaba hayat akıntılarının sürüklediği çöp misali bir mahkûm değil, o akıntıyı kanallandırmaya muktedir, trafik idarecisi bir hâkim...

• Allah'a iman ve din olmayan bir yerde, ne göz, ne ışık, ne de görülecek şey... Ne de şiir ve san'at...

• Mutlak hakikati araştırma cehdinin adım adım kanunlaştırdığı mârifetler manzumesi olarak müsbet bilgiler, iç mânâlarını ve ruh emrindeki tâbilik ölçülerini, getirdikleri yeni his iklimleri içinde şiirde bulacaktır.

• Şair, üniforma giydirdiği her şeyi sır ve cazibesinden sıyırıcı devlet elinde, inceler incesi tedbirlerle özünü örselemekten uzak tutarak, en ileri sahabet ve himayeye hasret çeker.

• Ve nihayet şiir, olanca akıl dedikodusunun bittiği, fikir çatılarının çöktüğü, hesabın kalktığı ve adetlerin tökezlediği yerde, bütün sakar vasıtalariyle insanoğlunu sırtına alıp göklere kaldırıcı ve yumulmuş pençelerin içinde metropoller ve dünyalar taşıyıcı Hüma kuşu...

• Şiir, türlü tecelli yoliyle Allah'tan gelir; ve bütün bu perdeleri devirerek Allah'a yol açmaya doğru gider.

• Şair odur ki, renk, çizgi, ses, ahenk, hacim, pırıltı, ışık, bud, hareket, eda, mânâ, her tecelliyi şiir, şiiri de Allah için bilir.

• Şair, başları Arş'a değen Nebilerin semavî mucizeleri yanında, ayakları toprağa mıhlı, azat kabul etmez ve tâbi olarak, madde üstü sıçrayış ve mâverâyı kurcalayış cehdinden, mucize, aşk ve hasretinden en dokunaklı bir sözcü... Kâinatın Efendisi tarafından Peygamber hırkasının, üzerine atıldığı kelâm prensi...

İÇİNDEKİLER

KADIN

KORKU

DAÜSSILA

UKDE

HAFAKAN

TECRİT

POETİKA